T&P BOOKS

DINAMARQUÊS
VOCABULÁRIO

PALAVRAS MAIS ÚTEIS

PORTUGUÊS
DINAMARQUÊS

Para alargar o seu léxico e apurar
as suas competências linguísticas

3000 palavras

Vocabulário Português-Dinamarquês - 3000 palavras
Por Andrey Taranov

Os vocabulários da T&P Books destinam-se a ajudar a aprender, a memorizar, e a rever palavras estrangeiras. O dicionário é dividido em temas, cobrindo todas as principais esferas de atividades quotidianas, negócios, ciência, cultura, etc.

O processo de aprendizagem, utilizando os dicionários baseados em temáticas da T&P Books dá-lhe as seguintes vantagens:

- Informação de origem corretamente agrupada predetermina o sucesso em fases subsequentes da memorização de palavras
- Disponibilização de palavras derivadas da mesma raiz, o que permite a memorização de unidades de texto (em vez de palavras separadas)
- Pequenas unidades de palavras facilitam o processo de estabelecimento de vínculos associativos necessários para a consolidação do vocabulário
- O nível de conhecimento da língua pode ser estimado pelo número de palavras aprendidas

T&P Books Publishing
www.tpbooks.com

ISBN: 978-1-78400-951-9

Este livro também está disponível em formato E-book.
Por favor visite www.tpbooks.com ou as principais livrarias on-line.

VOCABULÁRIO DINAMARQUÊS
palavras mais úteis

Os vocabulários da T&P Books destinam-se a ajudar a aprender, a memorizar, e a rever palavras estrangeiras. O vocabulário contém mais de 3000 palavras de uso comum organizadas tematicamente.

O vocabulário contém as palavras mais comummente usadas
Recomendado como adicional para qualquer curso de línguas
Satisfaz as necessidades dos iniciados e dos alunos avançados de línguas estrangeiras
Conveniente para o uso diário, sessões de revisão e atividades de auto-teste
Permite avaliar o seu vocabulário

Características especias do vocabulário

* As palavras estão organizadas de acordo com o seu significado, e não por ordem alfabética
* As palavras são apresentadas em três colunas para facilitar os processos de revisão e auto-teste
* As palavras compostas são divididas em pequenos blocos para facilitar o processo de aprendizagem
* O vocabulário oferece uma transcrição simples e adequada de cada palavra estrangeira

O vocabulário contém 101 tópicos incluindo:

Conceitos básicos, Números, Cores, Meses, Estações do ano, Unidades de medida, Roupas & Acessórios, Alimentos & Nutrição, Restaurante, Membros da Família, Parentes, Caráter, Sentimentos, Emoções, Doenças, Cidade, Passeios, Compras, Dinheiro, Casa, Lar, Escritório, Trabalho no Escritório, Importação & Exportação, Marketing, Pesquisa de Emprego, Desportos, Educação, Computador, Internet, Ferramentas, Natureza, Países, Nacionalidades e muito mais ...

TABELA DE CONTEÚDOS

GUIA DE PRONUNCIAÇÃO

Letra	Exemplo Dinamarquês	Alfabeto fonético T&P	Exemplo Português
Aa	Afrika, kompas	[æ], [ɑ], [ɑ:]	semana
Bb	barberblad	[b]	barril
Cc	cafe, creme	[k]	kiwi
Cc ¹	koncert	[s]	sanita
Dd	direktør	[d]	dentista
Dd ²	facade	[ð]	[z] - fricativa dental sonora não-sibilante
Ee	belgier	[e], [ə]	mover
Ee ³	elevator	[ɛ]	mesquita
Ff	familie	[f]	safári
Gg	mango	[g]	gosto
Hh	høne, knurhår	[h]	[h] aspirada
Ii	kolibri	[i], [i:]	sinónimo
Jj	legetøj	[j]	géiser
Kk	leksikon	[k]	kiwi
Ll	leopard	[l]	libra
Mm	marmor	[m]	magnólia
Nn	natur, navn	[n]	natureza
ng	omfang	[ŋ]	alcançar
nk	punktum	[ŋ]	alcançar
Oo	fortov	[o], [ɔ]	noite
Pp	planteolie	[p]	presente
Qq	sequoia	[k]	kiwi
Rr	seriøs	[ʁ]	[r] vibrante
Ss	selskab	[s]	sanita
Tt	strøm, trappe	[t]	tulipa
Uu	blæksprutte	[u:]	blusa
Vv	børnehave	[ʋ]	fava
Ww	whisky	[w]	página web
Xx	Luxembourg	[ks]	perplexo
Yy	lykke	[y], [ø]	trabalho
Zz	Venezuela	[s]	sanita
Ææ	ærter	[ɛ], [ɛ:]	mover
Øø	grønsager	[ø], [œ]	milhões
Åå	åbent, afgå	[ɔ], [ɔ:]	fava

Comentários

[1] antes de **e**, **i**
[2] depois de uma vogal acentuada
[3] no início de palavras

ABREVIATURAS
usadas no vocabulário

Abreviaturas do Português

adj	-	adjetivo
adv	-	advérbio
anim.	-	animado
conj.	-	conjunção
desp.	-	desporto
etc.	-	etecetra
ex.	-	por exemplo
f	-	nome feminino
f pl	-	feminino plural
fem.	-	feminino
inanim.	-	inanimado
m	-	nome masculino
m pl	-	masculino plural
m, f	-	masculino, feminino
masc.	-	masculino
mat.	-	matemática
mil.	-	militar
pl	-	plural
prep.	-	preposição
pron.	-	pronome
sb.	-	sobre
sing.	-	singular
v aux	-	verbo auxiliar
vi	-	verbo intransitivo
vi, vt	-	verbo intransitivo, transitivo
vr	-	verbo reflexivo
vt	-	verbo transitivo

Abreviaturas do Dinamarquês

f	-	género comum
f pl	-	género comum plural
i	-	neutro
i pl	-	neutro plural
i, f	-	neutro, género comum
ngn.	-	alguém
pl	-	plural

CONCEITOS BÁSICOS

1. Pronomes

eu	jeg	['jɑj]
tu	du	[du]
ele	han	['han]
ela	hun	['hun]
ele, ela (neutro)	den, det	['dən], [de]
nós	vi	['vi]
vocês	I	[i]
eles, elas	de	['di]

2. Cumprimentos. Saudações

Olá!	Hej!	['hɑj]
Bom dia! (formal)	Hallo! Goddag!	[ha'lo], [go'dæ']
Bom dia! (de manhã)	Godmorgen!	[go'mɒːɒn]
Boa tarde!	Goddag!	[go'dæ']
Boa noite!	Godaften!	[go'ɑftən]
cumprimentar (vt)	at hilse	[ʌ 'hilsə]
Olá!	Hej!	['hɑj]
saudação (f)	hilsen (f)	['hilsən]
saudar (vt)	at hilse	[ʌ 'hilsə]
Como vai?	Hvordan har De det?	[vɒ'dan ha di de]
Como vais?	Hvordan går det?	[vɒ'dan gɒː de]
O que há de novo?	Hvad nyt?	['vað 'nyt]
Adeus! (formal)	Farvel!	[fɑ'vɛl]
Até à vista! (informal)	Hej hej!	['hɑj 'hɑj]
Até breve!	Hej så længe!	['hɑj sʌ 'lɛŋə]
Adeus!	Farvel!	[fɑ'vɛl]
despedir-se (vr)	at sige farvel	[ʌ 'si: fɑ'vɛl]
Até logo!	Hej hej!	['hɑj 'hɑj]
Obrigado! -a!	Tak!	['tɑk]
Muito obrigado! -a!	Mange tak!	['mɑŋə 'tɑk]
De nada	Velbekomme	['vɛlbə'kʌm'ə]
Não tem de quê	Det var så lidt!	[de vɑ' sʌ let]
De nada	Det var så lidt!	[de vɑ' sʌ let]
Desculpa!	Undskyld, ...	['ɔnˌskylʔ, ...]
Desculpe!	Undskyld mig, ...	['ɔnˌskylʔ mɑj, ...]
desculpar (vt)	at undskylde	[ʌ 'ɔnˌskylʔə]
desculpar-se (vr)	at undskylde sig	[ʌ 'ɔnˌskylʔə sɑj]

As minhas desculpas	Om forladelse	[ʌm fʌˈlæˀðəlsə]
Desculpe!	Undskyld mig!	[ˈɔnˌskylˀ maj]
perdoar (vt)	at tilgive	[ʌ ˈtelˌgiˀ]
Não faz mal	Det gør ikke noget	[de ˈgœɐ̯ ˈekə ˈnɔːəð]
por favor	værsgo	[ˈvæɐ̯ˈsgoˀ]

Não se esqueça!	Husk!	[ˈhusk]
Certamente! Claro!	Selvfølgelig!	[sɛlˈføljəli]
Claro que não!	Naturligvis ikke!	[naˈtuɐ̯ˀliˀviˀs ˈekə]
Está bem! De acordo!	OK! Jeg er enig!	[ɔwˈkɛj], [ˈjɑj ˈæɐ̯ ˈeːni]
Basta!	Så er det nok!	[ˈsʌ æɐ̯ de ˈnʌk]

3. Questões

Quem?	Hvem?	[ˈvɛmˀ]
Que?	Hvad?	[ˈvað]
Onde?	Hvor?	[ˈvɒˀ]
Para onde?	Hvorhen?	[ˈvɒˀˌhɛn]
De onde?	Hvorfra?	[ˈvɒˀˌfʁɑˀ]
Quando?	Hvornår?	[vɒˈnɒˀ]
Para quê?	Hvorfor?	[ˈvɔfʌ]
Porquê?	Hvorfor?	[ˈvɔfʌ]

Para quê?	For hvad?	[fʌ ˈvað]
Como?	Hvordan?	[vɒˈdan]
Qual?	Hvilken?	[ˈvelkən]
Qual? (entre dois ou mais)	Hvilken?	[ˈvelkən]

A quem?	Til hvem?	[tel ˈvɛmˀ]
Sobre quem?	Om hvem?	[ʌm ˈvɛmˀ]
Do quê?	Om hvad?	[ʌm ˈvað]
Com quem?	Med hvem?	[mɛ ˈvɛmˀ]
Quantos? -as?	Hvor mange?	[vɒˀ ˈmɑŋə]
Quanto?	Hvor meget?	[vɒˀ ˈmaɑð]
De quem? (masc.)	Hvis?	[ˈves]

4. Preposições

com (prep.)	med	[mɛ]
sem (prep.)	uden	[ˈuðən]
a, para (exprime lugar)	til	[ˈtel]
sobre (ex. falar ~)	om	[ʌm]
antes de …	før	[ˈføˀɐ̯]
diante de …	foran …	[ˈfɒːanˀ …]

sob (debaixo de)	under	[ˈɔnʌ]
sobre (em cima de)	over	[ˈɒwʌ]
sobre (~ a mesa)	på	[pɔ]
de (vir ~ Lisboa)	fra	[ˈfʁɑˀ]
de (feito ~ pedra)	af	[a]
dentro de (~ dez minutos)	om	[ʌm]
por cima de …	over	[ˈɒwʌ]

5. Palavras funcionais. Advérbios. Parte 1

Onde?	Hvor?	['vɒˀ]
aqui	her	['hɛˀɐ̯]
lá, ali	der	['dɛˀɐ̯]

| em algum lugar | et sted | [et 'stɛð] |
| em lugar nenhum | ingen steder | ['eŋən ˌstɛːðʌ] |

| ao pé de ... | ved | [ve] |
| ao pé da janela | ved vinduet | [ve 'venduəð] |

Para onde?	Hvorhen?	['vɒˀˌhɛn]
para cá	herhen	['hɛˀɐ̯ˌhɛn]
para lá	derhen	['dɛˀɐ̯ˌhɛn]
daqui	herfra	['hɛˀɐ̯ˌfʁɑˀ]
de lá, dali	derfra	['dɛˀɐ̯ˌfʁɑˀ]

| perto | nær | ['nɛˀɐ̯] |
| longe | langt | ['laŋˀt] |

perto de ...	nær	['nɛˀɐ̯]
ao lado de	i nærheden	[i 'nɛɐ̯ˌheðˀən]
perto, não fica longe	ikke langt	['ekə 'laŋˀt]

esquerdo	venstre	['vɛnstʁʌ]
à esquerda	til venstre	[te 'vɛnstʁʌ]
para esquerda	til venstre	[te 'vɛnstʁʌ]

direito	højre	['hʌjʁʌ]
à direita	til højre	[te 'hʌjʁʌ]
para direita	til højre	[te 'hʌjʁʌ]

à frente	foran	['fɒːˈanˀ]
da frente	for-, ante-	[fʌ-], [antə'-]
em frente (para a frente)	fremad	['fʁamˀˌað]

atrás de ...	bagved	['bæˀjˌve]
por detrás (vir ~)	bagpå	['bæˀjˌpɔˀ]
para trás	tilbage	[te'bæːjə]

| meio (m), metade (f) | midte (f) | ['metə] |
| no meio | i midten | [i 'metən] |

de lado	fra siden	[fʁɑ 'siðən]
em todo lugar	overalt	[ɒwʌ'alˀt]
ao redor (olhar ~)	rundtomkring	['ʁɒnˀdʌmˌkʁɛŋˀ]

de dentro	indefra	['enəˌfʁɑˀ]
para algum lugar	et sted	[et 'stɛð]
diretamente	ligeud	['liːəˈuðˀ]
de volta	tilbage	[te'bæːjə]

| de algum lugar | et eller andet sted fra | [ed 'ɛlʌ 'anəð stɛð fʁɑˀ] |
| de um lugar | fra et sted | [fʁɑ ed 'stɛð] |

em primeiro lugar	for det første	[fʌ de 'fæɐ̯stə]
em segundo lugar	for det andet	[fʌ de 'anəð]
em terceiro lugar	for det tredje	[fʌ de 'tʁɛðjə]

de repente	pludseligt	['plusəlit]
no início	i begyndelsen	[i be'gøn'əlsən]
pela primeira vez	for første gang	[fʌ 'fæɐ̯stə gɑŋ']
muito antes de ...	længe før ...	['lɛŋə fø'ɐ̯ ...]
de novo, novamente	på ny	[pɔ 'ny']
para sempre	for evigt	[fʌ 'e:við]

nunca	aldrig	['ɑldʁi]
de novo	igen	[i'gɛn]
agora	nu	['nu]
frequentemente	ofte	['ʌftə]
então	da, dengang	['da], ['dɛn',gɑŋ']
urgentemente	omgående	['ʌm,gɔ'ənə]
usualmente	vanligvis	['væ:nli,vi's]

a propósito, ...	for resten ...	[fʌ 'ʁastən ...]
é possível	muligt, muligvis	['mu:lit], ['mu:li,vi's]
provavelmente	sandsynligvis	[san'sy'nli,vi's]
talvez	måske	[mɔ'ske']
além disso, ...	desuden, ...	[des'u:ðən, ...]
por isso ...	derfor ...	['dɛ'ɐ̯fʌ ...]
apesar de ...	på trods af ...	[pɔ 'tʁʌs æ' ...]
graças a ...	takket være ...	['tɑkəð ,vɛ'ʌ ...]

que (pron.)	hvad	['vað]
que (conj.)	at	[at]
algo	noget	['nɔ:əð]
alguma coisa	noget	['nɔ:əð]
nada	ingenting	['eŋən'teŋ']

quem	hvem	['vɛm']
alguém (~ teve uma ideia ...)	nogen	['noən]
alguém	nogen	['noən]

ninguém	ingen	['eŋən]
para lugar nenhum	ingen steder	['eŋən ,stɛ:ðʌ]
de ninguém	ingens	['eŋəns]
de alguém	nogens	['noəns]

tão	så	['sʌ]
também (gostaria ~ de ...)	også	['ʌsə]
também (~ eu)	også	['ʌsə]

6. Palavras funcionais. Advérbios. Parte 2

Porquê?	Hvorfor?	['vɔfʌ]
por alguma razão	af en eller anden grund	[a en 'ɛlʌ 'anən 'gʁɔn']
porque ...	fordi ...	[fʌ'di' ...]
por qualquer razão	af en eller anden grund	[a en 'ɛlʌ 'anən 'gʁɔn']
e (tu ~ eu)	og	[ʌ]

ou (ser ~ não ser)	eller	[ɛlʌ]
mas (porém)	men	['mɛn]
para (~ a minha mãe)	for, til	[fʌ], [tel]

demasiado, muito	for, alt for	[fʌ], ['al't fʌ]
só, somente	bare, kun	['bɑːɑ], ['kɔn]
exatamente	præcis	[pʁɛ'si's]
cerca de (~ 10 kg)	cirka	['siɐ̯ka]

aproximadamente	omtrent	[ʌm'tʁan't]
aproximado	omtrentlig	[ʌm'tʁan'tli]
quase	næsten	['nɛstən]
resto (m)	rest (f)	['ʁast]

o outro (segundo)	den anden	[dən 'anən]
outro	andre	['andʁʌ]
cada	hver	['vɛ'ɐ̯]
qualquer	hvilken som helst	['velkən sʌm 'hɛl'st]
muito	megen, meget	['majən], ['mɑɑð]
muitas pessoas	mange	['mɑŋə]
todos	alle	['alə]

em troca de ...	til gengæld for ...	[tel 'gɛnˌgɛl' fʌ ...]
em troca	i stedet for	[i 'stɛðə fʌ]
à mão	i hånden	[i 'hʌnən]
pouco provável	næppe	['nɛpə]

provavelmente	sandsynligvis	[san'sy'nliˌvi's]
de propósito	med vilje, forsætlig	[mɛ 'viljə], [fʌ'sɛtli]
por acidente	tilfældigt	[te'fɛl'dit]

muito	meget	['mɑɑð]
por exemplo	for eksempel	[fʌ ɛk'sɛm'pəl]
entre	imellem	[i'mɛl'əm]
entre (no meio de)	blandt	['blant]
tanto	så meget	['sʌ 'mɑɑð]
especialmente	særligt	['sæɐ̯lit]

NÚMEROS. DIVERSOS

7. Números cardinais. Parte 1

zero	nul	['nɔl]
um	en	['en]
dois	to	['toˀ]
três	tre	['tʁɛˀ]
quatro	fire	['fiˀʌ]
cinco	fem	['fɛmˀ]
seis	seks	['sɛks]
sete	syv	['sywˀ]
oito	otte	['ɔ:tə]
nove	ni	['niˀ]
dez	ti	['tiˀ]
onze	elleve	['ɛlvə]
doze	tolv	['tʌlˀ]
treze	tretten	['tʁatən]
catorze	fjorten	['fjoᶑtən]
quinze	femten	['fɛmtən]
dezasseis	seksten	['sɑjstən]
dezassete	sytten	['søtən]
dezoito	atten	['atən]
dezanove	nitten	['netən]
vinte	tyve	['ty:və]
vinte e um	enogtyve	['e:nʌˌty:və]
vinte e dois	toogtyve	['to:ʌˌty:və]
vinte e três	treogtyve	['tʁɛ:ʌˌty:və]
trinta	tredive	['tʁaðvə]
trinta e um	enogtredive	['e:nʌˌtʁaðvə]
trinta e dois	toogtredive	['to:ʌˌtʁaðvə]
trinta e três	treogtredive	['tʁɛ:ʌˌtʁaðvə]
quarenta	fyrre	['fœɐ̯ʌ]
quarenta e um	enogfyrre	['e:nʌˌfœɐ̯ʌ]
quarenta e dois	toogfyrre	['to:ʌˌfœɐ̯ʌ]
quarenta e três	treogfyrre	['tʁɛ:ʌˌfœɐ̯ʌ]
cinquenta	halvtreds	[hal'tʁɛs]
cinquenta e um	enoghalvtreds	['e:nʌ hal ˌtʁɛs]
cinquenta e dois	tooghalvtreds	['to:ʌ hal ˌtʁɛs]
cinquenta e três	treoghalvtreds	['tʁɛ:ʌ hal ˌtʁɛs]
sessenta	tres	['tʁɛs]
sessenta e um	enogtres	['e:nʌˌtʁɛs]

| sessenta e dois | toogtres | ['to:ʌˌtʁɛs] |
| sessenta e três | treogtres | ['tʁɛ:ʌˌtʁɛs] |

setenta	halvfjerds	[hal'fjæɐ̯s]
setenta e um	enoghalvfjerds	['e:nʌ hal'fjæɐ̯s]
setenta e dois	tooghalvfjerds	['to:ʌ hal'fjæɐ̯s]
setenta e três	treoghalvfjerds	['tʁɛ:ʌ hal'fjæɐ̯s]

oitenta	firs	['fiɐ̯'s]
oitenta e um	enogfirs	['e:nʌˌfiɐ̯'s]
oitenta e dois	toogfirs	['to:ʌˌfiɐ̯'s]
oitenta e três	treogfirs	['tʁɛ:ʌˌfiɐ̯'s]

noventa	halvfems	[hal'fɛm's]
noventa e um	enoghalvfems	['e:nʌ halˌfɛm's]
noventa e dois	tooghalvfems	['to:ʌ halˌfɛm's]
noventa e três	treoghalvfems	['tʁɛ:ʌ halˌfɛm's]

8. Números cardinais. Parte 2

cem	hundrede	['hunʌðə]
duzentos	tohundrede	['tɔwˌhunʌðə]
trezentos	trehundrede	['tʁɛˌhunʌðə]
quatrocentos	firehundrede	['fiɐ̯ˌhunʌðə]
quinhentos	femhundrede	['fɛmˌhunʌðə]

seiscentos	sekshundrede	['sɛksˌhunʌðə]
setecentos	syvhundrede	['sywˌhunʌðə]
oitocentos	ottehundrede	['ɔ:təˌhunʌðə]
novecentos	nihundrede	['niˌhunʌðə]

mil	tusind	['tu'sən]
dois mil	totusind	['toˌtu'sən]
De quem são ...?	tretusind	['tʁɛˌtu'sən]
dez mil	titusind	['tiˌtu'sən]
cem mil	hundredetusind	['hunʌðəˌtu'sən]
um milhão	million (f)	[mili'o'n]
mil milhões	milliard (f)	[mili'ɑ'd]

9. Números ordinais

primeiro	første	['fœɐ̯stə]
segundo	anden	['anən]
terceiro	tredje	['tʁɛðjə]
quarto	fjerde	['fjɛ:ʌ]
quinto	femte	['fɛmtə]

sexto	sjette	['ɕɛ:tə]
sétimo	syvende	['syw'ənə]
oitavo	ottende	['ʌtənə]
nono	niende	['ni'ənə]
décimo	tiende	['ti'ənə]

CORES. UNIDADES DE MEDIDA

10. Cores

cor (f)	farve (f)	['fɑ:və]
matiz (m)	nuance (f)	[ny'aŋsə]
tom (m)	farvetone (f)	['fɑ:vəˌto:nə]
arco-íris (m)	regnbue (f)	['ʁɑjnˌbu:ə]
branco	hvid	['við']
preto	sort	['soɡt]
cinzento	grå	['gʁɔ']
verde	grøn	['gʁœn']
amarelo	gul	['gu'l]
vermelho	rød	['ʁœð']
azul	blå	['blɔ']
azul claro	lyseblå	['lysəˌblɔ']
rosa	rosa	['ʁo:sa]
laranja	orange	[o'ʁɑŋɕə]
violeta	violblå	[vi'olˌblɔ']
castanho	brun	['bʁu'n]
dourado	guld-	['gul-]
prateado	sølv-	['søl-]
bege	beige	['bɛ:ɕ]
creme	cremefarvet	['kʁɛ:mˌfɑ'vəð]
turquesa	turkis	[tyɡ'ki's]
vermelho cereja	kirsebærrød	['kiɡsəbæɡˌʁœð']
lilás	lilla	['lela]
carmesim	hindbærrød	['henbæɡˌʁœð']
claro	lys	['ly's]
escuro	mørk	['mœɡk]
vivo	klar	['klɑ']
de cor	farve-	['fɑ:və-]
a cores	farve	['fɑ:və]
preto e branco	sort-hvid	['soɡt'við']
unicolor	ensfarvet	['ensˌfɑ'vəð]
multicor	mangefarvet	['maŋəˌfɑ:vəð]

11. Unidades de medida

peso (m)	vægt (f)	['vɛgt]
comprimento (m)	længde (f)	['lɛŋ'də]

largura (f)	bredde (f)	['bʁɛ'də]
altura (f)	højde (f)	['hʌj'də]
profundidade (f)	dybde (f)	['dybdə]
volume (m)	rumfang (i)	['ʁɔmˌfaŋ']
área (f)	areal (i)	[ˌɑːe'æ'l]

grama (m)	gram (i)	['gʁam']
miligrama (m)	milligram (i)	['miliˌgʁam']
quilograma (m)	kilogram (i)	['kiloˌgʁam']
tonelada (f)	ton (i, f)	['tʌn']
libra (453,6 gramas)	pund (i)	['pun']
onça (f)	ounce (f)	['awns]

metro (m)	meter (f)	['me'tʌ]
milímetro (m)	millimeter (f)	['miliˌme'tʌ]
centímetro (m)	centimeter (f)	['sɛntiˌme'tʌ]
quilómetro (m)	kilometer (f)	['kiloˌme'tʌ]
milha (f)	mil (f)	['mi'l]

polegada (f)	tomme (f)	['tʌmə]
pé (304,74 mm)	fod (f)	['fo'ð]
jarda (914,383 mm)	yard (f)	['jɑːd]

| metro (m) quadrado | kvadratmeter (f) | [kva'dʁɑ't ˌme'tʌ] |
| hectare (m) | hektar (f) | [hɛk'tɑ'] |

litro (m)	liter (f)	['litʌ]
grau (m)	grad (f)	['gʁɑ'ð]
volt (m)	volt (f)	['vʌl't]
ampere (m)	ampere (f)	[am'pɛːɡ]
cavalo-vapor (m)	hestekraft (f)	['hɛsteˌkʁaft]

quantidade (f)	mængde (f)	['mɛŋ'də]
um pouco de …	lidt …	['let …]
metade (f)	halvdel (f)	['halde'l]
dúzia (f)	dusin (i)	[du'si'n]
peça (f)	stykke (i)	['støkə]

| dimensão (f) | størrelse (f) | ['stœɡʌlsə] |
| escala (f) | målestok (f) | ['mɔːləˌstʌk] |

mínimo	minimal	[mini'mæ'l]
menor, mais pequeno	mindst	['men'st]
médio	middel	['mið'əl]
máximo	maksimal	[mɑksi'mæ'l]
maior, mais grande	størst	['stœɡst]

12. Recipientes

boião (m) de vidro	glaskrukke (f)	['glasˌkʁɔkə]
lata (~ de cerveja)	dåse (f)	['dɔːsə]
balde (m)	spand (f)	['span']
barril (m)	tønde (f)	['tønə]
bacia (~ de plástico)	balje (f)	['baljə]

tanque (m)	tank (f)	['taŋˀk]
cantil (m) de bolso	lommelærke (f)	['lʌmə‚læɐ̯kə]
bidão (m) de gasolina	dunk (f)	['dɔŋˀk]
cisterna (f)	tank (f)	['taŋˀk]

caneca (f)	krus (i)	['kʁuˀs]
chávena (f)	kop (f)	['kʌp]
pires (m)	underkop (f)	['ɔnʌ‚kʌp]
copo (m)	glas (i)	['glas]
taça (f) de vinho	vinglas (i)	['viːn‚glas]
panela, caçarola (f)	gryde (f)	['gʁy:ðə]

| garrafa (f) | flaske (f) | ['flaskə] |
| gargalo (m) | flaskehals (f) | ['flaskə‚halˀs] |

jarro, garrafa (f)	karaffel (f)	[ka'ʁafəl]
jarro (m) de barro	kande (f)	['kanə]
recipiente (m)	beholder (f)	[be'hʌlˀʌ]
pote (m)	potte (f)	['pʌtə]
vaso (m)	vase (f)	['væ:sə]

frasco (~ de perfume)	flakon (f)	[fla'kʌŋ]
frasquinho (ex. ~ de iodo)	flaske (f)	['flaskə]
tubo (~ de pasta dentífrica)	tube (f)	['tu:bə]

saca (ex. ~ de açúcar)	sæk (f)	['sɛk]
saco (~ de plástico)	pose (f)	['po:sə]
maço (m)	pakke (f)	['pɑkə]

caixa (~ de sapatos, etc.)	æske (f)	['ɛskə]
caixa (~ de madeira)	kasse (f)	['kasə]
cesta (f)	kurv (f)	['kuɐ̯ˀw]

VERBOS PRINCIPAIS

13. Os verbos mais importantes. Parte 1

abrir (vt)	at åbne	[ʌ 'ɔːbnə]
acabar, terminar (vt)	at slutte	[ʌ 'slutə]
aconselhar (vt)	at råde	[ʌ 'ʁɔːðə]
adivinhar (vt)	at gætte	[ʌ 'gɛtə]
advertir (vt)	at advare	[ʌ 'aðˌvaˀɑ]
ajudar (vt)	at hjælpe	[ʌ 'jɛlpə]
almoçar (vi)	at spise frokost	[ʌ 'spiːsə 'fʁɔkʌst]
alugar (~ um apartamento)	at leje	[ʌ 'lɑjə]
amar (vt)	at elske	[ʌ 'ɛlskə]
ameaçar (vt)	at true	[ʌ 'tʁuːə]
anotar (escrever)	at skrive ned	[ʌ 'skʁiːvə 'neðˀ]
apanhar (vt)	at fange	[ʌ 'faŋə]
apressar-se (vr)	at skynde sig	[ʌ 'skønə sɑj]
arrepender-se (vr)	at beklage	[ʌ be'klæˀjə]
assinar (vt)	at underskrive	[ʌ 'ɔnʌˌskʁiˀvə]
atirar, disparar (vi)	at skyde	[ʌ 'skyːðə]
brincar (vi)	at spøge	[ʌ 'spøːjə]
brincar, jogar (crianças)	at lege	[ʌ 'lɑjə]
buscar (vt)	at søge ...	[ʌ 'søːə ...]
caçar (vi)	at jage	[ʌ 'jæːjə]
cair (vi)	at falde	[ʌ 'falə]
cavar (vt)	at grave	[ʌ 'gʁɑːvə]
cessar (vt)	at stoppe, at slutte	[ʌ 'stʌpə], [ʌ 'slutə]
chamar (~ por socorro)	at tilkalde	[ʌ 'telˌkalˀə]
chegar (vi)	at ankomme	[ʌ 'anˌkʌmˀə]
chorar (vi)	at græde	[ʌ 'gʁaːðə]
começar (vt)	at begynde	[ʌ be'gønˀə]
comparar (vt)	at sammenligne	[ʌ 'samənˌliˀnə]
compreender (vt)	at forstå	[ʌ fʌ'stɔˀ]
concordar (vi)	at samtykke	[ʌ 'samˌtykə]
confiar (vt)	at stole på	[ʌ 'stoːlə pɔˀ]
confundir (equivocar-se)	at forveksle	[ʌ fʌ'vɛkslə]
conhecer (vt)	at kende	[ʌ 'kɛnə]
contar (fazer contas)	at tælle	[ʌ 'tɛlə]
contar com (esperar)	at regne med ...	[ʌ 'ʁɑjnə mɛ ...]
continuar (vt)	at fortsætte	[ʌ 'fɔːtˌsɛtə]
controlar (vt)	at kontrollere	[ʌ kʌntʁo'leˀʌ]
convidar (vt)	at indbyde, at invitere	[ʌ 'enˌbyˀðə], [ʌ envi'teˀʌ]
correr (vi)	at løbe	[ʌ 'løːbə]

| criar (vt) | at oprette, at skabe | [ʌ 'ʌbˌʁatə], [ʌ 'skæːbə] |
| custar (vt) | at koste | [ʌ 'kʌstə] |

14. Os verbos mais importantes. Parte 2

dar (vt)	at give	[ʌ 'giˀ]
dar uma dica	at give et vink	[ʌ 'giˀ et 'veŋˀk]
decorar (enfeitar)	at pryde	[ʌ 'pʁyːðə]
defender (vt)	at forsvare	[ʌ fʌ'svɑˀɑ]
deixar cair (vt)	at tabe	[ʌ 'tæːbə]

descer (para baixo)	at gå ned	[ʌ gɔˀ 'neðˀ]
desculpar (vt)	at tilgive	[ʌ 'telˌgiˀ]
desculpar-se (vr)	at undskylde sig	[ʌ 'ɔnˌskylˀə sɑj]
dirigir (~ uma empresa)	at styre, at lede	[ʌ 'styːʌ], [ʌ 'leːðə]
discutir (notícias, etc.)	at diskutere	[ʌ disku'teˀʌ]
dizer (vt)	at sige	[ʌ 'siː]

duvidar (vt)	at tvivle	[ʌ 'tviwlə]
encontrar (achar)	at finde	[ʌ 'fenə]
enganar (vt)	at snyde	[ʌ 'snyːðə]
entrar (na sala, etc.)	at komme ind	[ʌ 'kʌmə ˌenˀ]
enviar (uma carta)	at sende	[ʌ 'sɛnə]
errar (equivocar-se)	at tage fejl	[ʌ 'tæˀ fɑjˀl]
escolher (vt)	at vælge	[ʌ 'vɛljə]
esconder (vt)	at gemme	[ʌ 'gɛmə]
escrever (vt)	at skrive	[ʌ 'skʁiːvə]
esperar (o autocarro, etc.)	at vente	[ʌ 'vɛntə]

esquecer (vt)	at glemme	[ʌ 'glɛmə]
estudar (vt)	at studere	[ʌ stu'deˀʌ]
exigir (vt)	at kræve	[ʌ 'kʁɛːvə]
existir (vi)	at eksistere	[ʌ ɛksi'steˀʌ]

explicar (vt)	at forklare	[ʌ fʌ'klɑˀɑ]
falar (vi)	at tale	[ʌ 'tæːlə]
faltar (clases, etc.)	at forsømme	[ʌ fʌ'sœmˀə]
fazer (vt)	at gøre	[ʌ 'gœːʌ]

| ficar em silêncio | at tie | [ʌ 'tiːə] |
| gabar-se, jactar-se (vr) | at prale | [ʌ 'pʁɑːlə] |

gostar (apreciar)	at kunne lide	[ʌ 'kunə 'liːðə]
gritar (vi)	at skrige	[ʌ 'skʁiːə]
guardar (cartas, etc.)	at beholde	[ʌ be'hʌlˀə]

| informar (vt) | at informere | [ʌ enfɒ'meˀʌ] |
| insistir (vi) | at insistere | [ʌ ensi'steˀʌ] |

insultar (vt)	at fornærme	[ʌ fʌ'næɐ̯ˀmə]
interessar-se (vr)	at interessere sig	[ʌ entʁɐ'seˀʌ sɑj]
ir (a pé)	at gå	[ʌ 'gɔˀ]
ir nadar	at bade	[ʌ 'bæˀðə]
jantar (vi)	at spise aftensmad	[ʌ 'spiːsə 'ɑftənsˌmɑð]

15. Os verbos mais importantes. Parte 3

ler (vt)	at læse	[ʌ 'lɛ:sə]
libertar (cidade, etc.)	at befri	[ʌ be'fʁi?]
matar (vt)	at dræbe, at myrde	[ʌ 'dʁɛ:bə], [ʌ 'myɐ̯də]
mencionar (vt)	at omtale, at nævne	[ʌ 'ʌm‚tæ:lə], [ʌ 'nɛwnə]
mostrar (vt)	at vise	[ʌ 'vi:sə]

mudar (modificar)	at ændre	[ʌ 'ɛndʁʌ]
nadar (vi)	at svømme	[ʌ 'svœmə]
negar-se a ...	at vægre sig	[ʌ 'vɛ:jʁʌ saj]
objetar (vt)	at indvende	[ʌ 'en?‚vɛn?ə]

observar (vt)	at observere	[ʌ ʌbsæɐ̯'ve?ʌ]
ordenar (mil.)	at beordre	[ʌ be'ɒ?dʁʌ]
ouvir (vt)	at høre	[ʌ 'hø:ʌ]
pagar (vt)	at betale	[ʌ be'tæ?lə]
parar (vi)	at standse	[ʌ 'stansə]

participar (vi)	at deltage	[ʌ 'del‚tæ?]
pedir (comida)	at bestille	[ʌ be'stel?ə]
pedir (um favor, etc.)	at bede	[ʌ 'be?ðə]
pegar (tomar)	at tage	[ʌ 'tæ?]
pensar (vt)	at tænke	[ʌ 'tɛŋkə]

perceber (ver)	at bemærke	[ʌ be'mæɐ̯kə]
perdoar (vt)	at tilgive	[ʌ 'tel‚gi?]
perguntar (vt)	at spørge	[ʌ 'spœɐ̯ʌ]
permitir (vt)	at tillade	[ʌ 'te‚læ?ðə]
pertencer a ...	at tilhøre ...	[ʌ 'tel‚hø?ʌ ...]

planear (vt)	at planlægge	[ʌ 'plæ:n‚lɛgə]
poder (vi)	at kunne	[ʌ 'kunə]
possuir (vt)	at besidde, at eje	[ʌ be'sið?ə], [ʌ 'ɒjə]
preferir (vt)	at foretrække	[ʌ fɒ:ɒ'tʁakə]
preparar (vt)	at lave	[ʌ 'læ:və]

prever (vt)	at forudse	[ʌ 'fɒuð‚se?]
prometer (vt)	at love	[ʌ 'lɔ:və]
pronunciar (vt)	at udtale	[ʌ 'uð‚tæ:lə]
propor (vt)	at foreslå	[ʌ 'fɒ:ɒ‚slɔ?]
punir (castigar)	at straffe	[ʌ 'stʁɑfə]

16. Os verbos mais importantes. Parte 4

quebrar (vt)	at bryde	[ʌ 'bʁy:ðə]
queixar-se (vr)	at klage	[ʌ 'klæ:jə]
querer (desejar)	at ville	[ʌ 'vilə]
recomendar (vt)	at anbefale	[ʌ 'anbe‚fæ?lə]
repetir (dizer outra vez)	at gentage	[ʌ 'gɛn‚tæ?]

| repreender (vt) | at skælde | [ʌ 'skɛlə] |
| reservar (~ um quarto) | at reservere | [ʌ ʁɛsæɐ̯'ve?ʌ] |

responder (vt)	at svare	[ʌ 'svɑːɑ]
rezar, orar (vi)	at bede	[ʌ 'beˀðə]
rir (vi)	at le, at grine	[ʌ 'leˀ], [ʌ 'gʁiːnə]
roubar (vt)	at stjæle	[ʌ 'stjɛːlə]
saber (vt)	at vide	[ʌ 'viːðə]
sair (~ de casa)	at gå ud	[ʌ 'gɔˀ uðˀ]
salvar (vt)	at redde	[ʌ 'ʁɛðə]
seguir ...	at følge efter ...	[ʌ 'følje 'ɛftʌ ...]
sentar-se (vr)	at sætte sig	[ʌ 'sɛtə sɑj]
ser necessário	at være behøvet	[ʌ 'vɛːʌ be'hø ˀveð]
ser, estar	at være	[ʌ 'vɛːʌ]
significar (vt)	at betyde	[ʌ be'tyˀðə]
sorrir (vi)	at smile	[ʌ 'smiːlə]
subestimar (vt)	at undervurdere	[ʌ 'ɔnʌvuɐ̯'deˀʌ]
surpreender-se (vr)	at blive forundret	[ʌ 'bliːə fʌ'ɔnˀdʁʌð]
tentar (vt)	at prøve	[ʌ 'pʁœːwə]
ter (vt)	at have	[ʌ 'hæːvə]
ter fome	at være sulten	[ʌ 'vɛːʌ 'sultən]
ter medo	at frygte	[ʌ 'fʁœgtə]
ter sede	at være tørstig	[ʌ 'vɛːʌ 'tœɐ̯sti]
tocar (com as mãos)	at røre	[ʌ 'ʁœːʌ]
tomar o pequeno-almoço	at spise morgenmad	[ʌ 'spiːsə 'mɒːɒnˌmað]
trabalhar (vi)	at arbejde	[ʌ 'ɑːˌbɑjˀdə]
traduzir (vt)	at oversætte	[ʌ 'ɒwʌˌsɛtə]
unir (vt)	at forene	[ʌ fʌ'enə]
vender (vt)	at sælge	[ʌ 'sɛljə]
ver (vt)	at se	[ʌ 'seˀ]
virar (ex. ~ à direita)	at svinge	[ʌ 'sveŋə]
voar (vi)	at flyve	[ʌ 'flyːvə]

TEMPO. CALENDÁRIO

17. Dias da semana

segunda-feira (f)	mandag (f)	['man'da]
terça-feira (f)	tirsdag (f)	['tiɐ̯'sda]
quarta-feira (f)	onsdag (f)	['ɔn'sda]
quinta-feira (f)	torsdag (f)	['tɔ'sda]
sexta-feira (f)	fredag (f)	['fʁɛ'da]
sábado (m)	lørdag (f)	['lœɐ̯da]
domingo (m)	søndag (f)	['sœn'da]
hoje	i dag	[i 'dæ']
amanhã	i morgen	[i 'mɒːɒn]
depois de amanhã	i overmorgen	[i 'ɒwʌ,mɒːɒn]
ontem	i går	[i 'gɒ']
anteontem	i forgårs	[i 'fɒː,gɒ's]
dia (m)	dag (f)	['dæ']
dia (m) de trabalho	arbejdsdag (f)	['ɑːbɑjds,dæ']
feriado (m)	festdag (f)	['fɛst,dæ']
dia (m) de folga	fridag (f)	['fʁidæ']
fim (m) de semana	weekend (f)	['wiː,kɛnd]
o dia todo	hele dagen	['heːlə 'dæ'ən]
no dia seguinte	næste dag	['nɛstə dæ']
há dois dias	for to dage siden	[fʌ to' 'dæ'ə 'siðən]
na véspera	dagen før	['dæ'ən fʌ]
diário	daglig	['dɑwli]
todos os dias	hver dag	['vɛɐ̯ 'dæ']
semana (f)	uge (f)	['uːə]
na semana passada	sidste uge	[i 'sistə 'uːə]
na próxima semana	i næste uge	[i 'nɛstə 'uːə]
semanal	ugentlig	['uːəntli]
cada semana	hver uge	['vɛɐ̯ 'uːə]
duas vezes por semana	to gange om ugen	['to' 'gɑŋə ɒm 'uːən]
cada terça-feira	hver tirsdag	['vɛɐ̯ ,tiɐ̯'sda]

18. Horas. Dia e noite

manhã (f)	morgen (f)	['mɒːɒn]
de manhã	om morgenen	[ʌm 'mɒːɒnən]
meio-dia (m)	middag (f)	['meda]
à tarde	om eftermiddagen	[ʌm 'ɛftʌme,dæ'ən]
noite (f)	aften (f)	['ɑftən]
à noite (noitinha)	om aftenen	[ʌm 'ɑftənən]

noite (f)	nat (f)	['nat]
à noite	om natten	[ʌm 'natən]
meia-noite (f)	midnat (f)	['miðˌnat]

segundo (m)	sekund (i)	[se'kɔnˀd]
minuto (m)	minut (i)	[me'nut]
hora (f)	time (f)	['tiːmə]
meia hora (f)	en halv time	[en 'halˀ 'tiːmə]
quarto (m) de hora	kvart (f)	['kvɑːt]
quinze minutos	femten minutter	['fɛmtən me'nutʌ]
vinte e quatro horas	døgn (i)	['dʌjˀn]

nascer (m) do sol	solopgang (f)	['soːl 'ʌpˌgɑŋˀ]
amanhecer (m)	daggry (i)	['dawˌgʁyː]
madrugada (f)	tidlig morgen (f)	['tiðli 'mɒːɒn]
pôr do sol (m)	solnedgang (f)	['soːl 'neðˌgɑŋˀ]

de madrugada	tidligt om morgenen	['tiðlit ʌm 'mɒːɒnən]
hoje de manhã	i morges	[i 'mɒːɒs]
amanhã de manhã	i morgen tidlig	[i 'mɒːɒn 'tiðli]

hoje à tarde	i eftermiddag	[i 'ɛftʌmeˌdæˀ]
à tarde	om eftermiddagen	[ʌm 'ɛftʌmeˌdæˀən]
amanhã à tarde	i morgen eftermiddag	[i 'mɒːɒn 'ɛftʌmeˌdæˀ]

hoje à noite	i aften	[i 'ɑftən]
amanhã à noite	i morgen aften	[i 'mɒːɒn 'ɑftən]

às três horas em ponto	klokken tre præcis	['klʌkən tʁɛ pʁɛ'siˀs]
por volta das quatro	ved fire tiden	[ve 'fiˀʌ 'tiðən]
às doze	ved 12-tiden	[ve 'tʌl 'tiðən]

dentro de vinte minutos	om 20 minutter	[ʌm 'tyːvə me'nutʌ]
dentro duma hora	om en time	[ʌm en 'tiːmə]
a tempo	i tide	[i 'tiːðə]

menos um quarto	kvart i ...	['kvɑːt i ...]
durante uma hora	inden for en time	['enənˀfʌ en 'tiːmə]
a cada quinze minutos	hvert 15 minut	['vɛˀɐt 'fɛmtən me'nut]
as vinte e quatro horas	døgnet rundt	['dʌjnəð 'ʁɔnˀt]

19. Meses. Estações

janeiro (m)	januar (f)	['januˌɑˀ]
fevereiro (m)	februar (f)	['febʁuˌɑˀ]
março (m)	marts (f)	['mɑːts]
abril (m)	april (f)	[a'pʁiˀl]
maio (m)	maj (f)	['mɑjˀ]
junho (m)	juni (f)	['juˀni]

julho (m)	juli (f)	['juˀli]
agosto (m)	august (f)	[aw'gɔst]
setembro (m)	september (f)	[sep'tɛmˀbʌ]
outubro (m)	oktober (f)	[ok'toˀbʌ]

novembro (m)	**november** (f)	[noˈvɛmˀbʌ]
dezembro (m)	**december** (f)	[deˈsɛmˀbʌ]
primavera (f)	**forår** (i)	[ˈfɒːˌɒˀ]
na primavera	**om foråret**	[ʌm ˈfɒːˌɒˀð]
primaveril	**forårs-**	[ˈfɒːɒs-]
verão (m)	**sommer** (f)	[ˈsʌmʌ]
no verão	**om sommeren**	[ʌm ˈsʌmʌən]
de verão	**sommer-**	[ˈsʌmʌ-]
outono (m)	**efterår** (i)	[ˈɛftʌˌɒˀ]
no outono	**om efteråret**	[ʌm ˈɛftʌˌɒˀð]
outonal	**efterårs-**	[ˈɛftʌˌɒs-]
inverno (m)	**vinter** (f)	[ˈvenˀtʌ]
no inverno	**om vinteren**	[ʌm ˈvenˀtʌən]
de inverno	**vinter-**	[ˈventʌ-]
mês (m)	**måned** (f)	[ˈmɔːnəð]
este mês	**i denne måned**	[i ˈdɛnə ˈmɔːnəð]
no próximo mês	**næste måned**	[ˈnɛstə ˈmɔːnəð]
no mês passado	**sidste måned**	[ˈsistə ˈmɔːnəð]
há um mês	**for en måned siden**	[fʌ en ˈmɔːnəð ˈsiðən]
dentro de um mês	**om en måned**	[ʌm en ˈmɔːnəð]
dentro de dois meses	**om 2 måneder**	[ʌm to ˈmɔːnəðʌ]
todo o mês	**en hel måned**	[en ˈheːl ˈmɔːnəð]
um mês inteiro	**hele måneden**	[ˈheːlə ˈmɔːnəðən]
mensal	**månedlig**	[ˈmɔːnəðli]
mensalmente	**månedligt**	[ˈmɔːnəðlit]
cada mês	**hver måned**	[ˈvɛɐ̯ ˈmɔːnəð]
duas vezes por mês	**to gange om måneden**	[ˈtoː ˈgaŋə ɒm ˈmɔːnəðən]
ano (m)	**år** (i)	[ˈɒˀ]
este ano	**i år**	[i ˈɒˀ]
no próximo ano	**næste år**	[ˈnɛstə ɒˀ]
no ano passado	**i fjor**	[i ˈfjoˀɐ̯]
há um ano	**for et år siden**	[fʌ ed ɒˀ ˈsiðən]
dentro dum ano	**om et år**	[ʌm et ˈɒˀ]
dentro de 2 anos	**om 2 år**	[ʌm to ˈɒˀ]
todo o ano	**hele året**	[ˈheːlə ˈɒːɒð]
um ano inteiro	**hele året**	[ˈheːlə ˈɒːɒð]
cada ano	**hvert år**	[ˈvɛˀɐ̯t ɒˀ]
anual	**årlig**	[ˈɒːli]
anualmente	**årligt**	[ˈɒːlit]
quatro vezes por ano	**fire gange om året**	[ˈfiˀʌ ˈgaŋə ɒm ˈɒːɒð]
data (~ de hoje)	**dato** (f)	[ˈdæːto]
data (ex. ~ de nascimento)	**dato** (f)	[ˈdæːto]
calendário (m)	**kalender** (f)	[kaˈlɛnˀʌ]
meio ano	**et halvt år**	[et halˀt ˈɒˀ]
seis meses	**halvår** (i)	[ˈhalvˌɒˀ]

| estação (f) | årstid (f) | ['ɒːsˌtiðˀ] |
| século (m) | århundrede (i) | [ɒ'hunʁʌðə] |

VIAGENS. HOTEL

20. Viagens

turismo (m)	turisme (f)	[tuˈʁismə]
turista (m)	turist (f)	[tuˈʁist]
viagem (f)	rejse (f)	[ˈʁɑjsə]
aventura (f)	eventyr (i)	[ˈɛːvənˌtyɐ̯ˀ]
viagem (f)	rejse (f)	[ˈʁɑjsə]
férias (f pl)	ferie (f)	[ˈfeɐ̯ˀiə]
estar de férias	at holde ferie	[ʌ ˈhʌlə ˈfeɐ̯ˀiə]
descanso (m)	ophold (i), hvile (f)	[ˈʌpˌhʌlˀ], [ˈviːlə]
comboio (m)	tog (i)	[ˈtɔˀw]
de comboio (chegar ~)	med tog	[mɛ ˈtɔˀw]
avião (m)	fly (i)	[ˈflyˀ]
de avião	med fly	[mɛ ˈflyˀ]
de carro	med bil	[mɛ ˈbiˀl]
de navio	med skib	[mɛ ˈskiˀb]
bagagem (f)	bagage (f)	[baˈgæːɕə]
mala (f)	kuffert (f)	[ˈkɔfʌt]
carrinho (m)	bagagevogn (f)	[baˈgæːɕəˌvɒwˀn]
passaporte (m)	pas (i)	[ˈpas]
visto (m)	visum (i)	[ˈviːsɔm]
bilhete (m)	billet (f)	[biˈlɛt]
bilhete (m) de avião	flybillet (f)	[ˈfly biˈlɛt]
guia (m) de viagem	rejsehåndbog (f)	[ˈʁɑjsəˌhʌnbɔˀw]
mapa (m)	kort (i)	[ˈkɒːt]
local (m), area (f)	område (i)	[ˈʌmˌʁɔːðə]
lugar, sítio (m)	sted (i)	[ˈstɛð]
exótico	eksotisk	[ɛkˈsoˀtisk]
surpreendente	forunderlig	[fʌˈɔnˀʌli]
grupo (m)	gruppe (f)	[ˈgʁupə]
excursão (f)	udflugt (f)	[ˈuðˌflɔgt]
guia (m)	guide (f)	[ˈgɑjd]

21. Hotel

hotel (m)	hotel (i)	[hoˈtɛlˀ]
motel (m)	motel (i)	[moˈtɛlˀ]
três estrelas	trestjernet	[ˈtʁɛˌstjæɐ̯ˀnəð]
cinco estrelas	femstjernet	[ˈfɛmˌstjæɐ̯ˀnəð]

ficar (~ num hotel)	at bo	[ʌ 'boʔ]
quarto (m)	værelse (i)	['væɐ̯ʌlsə]
quarto (m) individual	enkeltværelse (i)	['ɛŋʔkəlt͵væɐ̯ʌlsə]
quarto (m) duplo	dobbeltværelse (i)	['dʌbəlt͵væɐ̯ʌlsə]
reservar um quarto	at booke et værelse	[ʌ 'bukə et 'væɐ̯ʌlsə]
meia pensão (f)	halvpension (f)	['halʔ paŋ'ɕoʔn]
pensão (f) completa	helpension (f)	['heʔl paŋ'ɕoʔn]
com banheira	med badekar	[mɛ 'bæːðə͵ka]
com duche	med brusebad	[mɛ 'bʁuːsə͵bað]
televisão (m) satélite	satellit-tv (i)	[satə'lit 'teʔ͵veʔ]
ar (m) condicionado	klimaanlæg (i)	['kliːma'an͵lɛʔg]
toalha (f)	håndklæde (i)	['hʌn͵klɛːðə]
chave (f)	nøgle (f)	['nʌjlə]
administrador (m)	administrator (f)	[aðmini'stʁɑːtʌ]
camareira (f)	stuepige (f)	['stuə͵piːə]
bagageiro (m)	drager (f)	['dʁɑːwʌ]
porteiro (m)	portier (f)	[pɒ'tje]
restaurante (m)	restaurant (f)	[ʁɛsto'ʁɑŋ]
bar (m)	bar (f)	['bɑʔ]
pequeno-almoço (m)	morgenmad (f)	['mɒːɒn͵mað]
jantar (m)	aftensmad (f)	['ɑftəns͵mað]
buffet (m)	buffet (f)	[by'fe]
hall (m) de entrada	hall, lobby (f)	['hɒːl], ['lʌbi]
elevador (m)	elevator (f)	[elə'væːtʌ]
NÃO PERTURBE	VIL IKKE FORSTYRRES	['vel 'ekə fʌ'styɐ̯ʔʌs]
PROIBIDO FUMAR!	RYGNING FORBUDT	['ʁyːneŋ fʌ'byʔð]

22. Turismo

monumento (m)	monument (i)	[monu'mɛnʔt]
fortaleza (f)	fæstning (f)	['fɛstneŋ]
palácio (m)	palads (i)	[pa'las]
castelo (m)	slot (i), borg (f)	['slʌt], ['bɒʔw]
torre (f)	tårn (i)	['tɒʔn]
mausoléu (m)	mausoleum (i)	[mɑwso'lɛːɔm]
arquitetura (f)	arkitektur (f)	[ɑkitɛk'tuɐ̯ʔ]
medieval	middelalderlig	['miðəl͵alʔʌli]
antigo	gammel	['gaməl]
nacional	national	[naɕo'næʔl]
conhecido	kendt, berømt	['kɛnʔt], [be'ʁœmʔt]
turista (m)	turist (f)	[tu'ʁist]
guia (pessoa)	guide (f)	['gajd]
excursão (f)	udflugt (f)	['uð͵flɒgt]
mostrar (vt)	at vise	[ʌ 'viːsə]
contar (vt)	at fortælle	[ʌ fʌ'tɛlʔə]
encontrar (vt)	at finde	[ʌ 'fenə]

perder-se (vr)   **at gå vild**   [ʌ gɔˀ ˈvilˀ]
mapa (~ do metrô)   **kort** (i)   [ˈkɒːt]
mapa (~ da cidade)   **kort** (i)   [ˈkɒːt]

lembrança (f), presente (m)   **souvenir** (f)   [suvəˈniːɐ̯]
loja (f) de presentes   **souvenirforretning** (f)   [suvəˈniːɐ̯ fʌˈʁatnen]
fotografar (vt)   **at fotografere**   [ʌ fotogʁɑˈfeˀʌ]
fotografar-se   **at blive fotograferet**   [ʌ ˈbliːə fotogʁɑːˈfeˀʌð]

TRANSPORTES

23. Aeroporto

aeroporto (m)	lufthavn (f)	['lɔft‚hɑw'n]
avião (m)	fly (i)	['fly']
companhia (f) aérea	flyselskab (i)	['fly'sɛl‚skæ'b]
controlador (m) de tráfego aéreo	flyveleder (f)	['fly:və‚le:ðʌ]
partida (f)	afgang (f)	['ɑw‚gɑŋ']
chegada (f)	ankomst (f)	['an‚kʌm'st]
chegar (~ de avião)	at ankomme	[ʌ 'an‚kʌm'ə]
hora (f) de partida	afgangstid (f)	['ɑwgɑŋs‚tið']
hora (f) de chegada	ankomsttid (f)	['ankʌm'st‚tið]
estar atrasado	at blive forsinke	[ʌ 'bli:ə fʌ'seŋ'kə]
atraso (m) de voo	afgangsforsinkelse (f)	['ɑw‚gɑŋs fʌ'seŋkəlsə]
painel (m) de informação	informationstavle (f)	[enfɒma'ɕons ‚tɑwlə]
informação (f)	information (f)	[enfɒma'ɕo'n]
anunciar (vt)	at meddele	[ʌ 'mɛð‚de'lə]
voo (m)	flight (f)	['flɑjt]
alfândega (f)	told (f)	['tʌl']
funcionário (m) da alfândega	toldbetjent (f)	['tʌl be'tjɛn't]
declaração (f) alfandegária	tolddeklaration (f)	['tʌl deklɑɑ‚ɕo'n]
preencher (vt)	at udfylde	[ʌ 'uð‚fyl'ə]
preencher a declaração	at udfylde en tolddeklaration	[ʌ 'uð‚fyl'ə en 'tʌl'deklɑɑ'ɕo'n]
controlo (m) de passaportes	paskontrol (f)	['paskɔn‚tʁʌl']
bagagem (f)	bagage (f)	[ba'gæː‚ɕə]
bagagem (f) de mão	håndbagage (f)	['hʌn ba'gæː‚ɕə]
carrinho (m)	bagagevogn (f)	[ba'gæː‚ɕə‚vɒw'n]
aterragem (f)	landing (f)	['laneŋ]
pista (f) de aterragem	landingsbane (f)	['laneŋs‚bæː‚nə]
aterrar (vi)	at lande	[ʌ 'lanə]
escada (f) de avião	trappe (f)	['tʁɑpə]
check-in (m)	check-in (f)	[tjɛk'en]
balcão (m) do check-in	check-in-skranke (f)	[tjɛk'en‚skʁɑŋkə]
fazer o check-in	at tjekke ind	[ʌ 'tjɛkə 'en']
cartão (m) de embarque	boardingkort (i)	['bɒ:deŋ‚kɒ:t]
porta (f) de embarque	gate (f)	['gɛjt]
trânsito (m)	transit (f)	[tʁɑn'sit]
esperar (vi, vt)	at vente	[ʌ 'vɛntə]

sala (f) de espera	ventesal (f)	['vɛntəˌsæˀl]
despedir-se de ...	at vinke farvel	[ʌ 'veŋkə faˈvɛl]
despedir-se (vr)	at sige farvel	[ʌ 'si: faˈvɛl]

24. Avião

avião (m)	fly (i)	['flyˀ]
bilhete (m) de avião	flybillet (f)	['fly biˈlɛt]
companhia (f) aérea	flyselskab (i)	['flyˀsɛlˌskæˀb]
aeroporto (m)	lufthavn (f)	['lɔftˌhawˀn]
supersónico	overlyds-	['ɒwʌˌlyðs-]

comandante (m) do avião	kaptajn (f)	[kɑpˈtɑjˀn]
tripulação (f)	besætning (f)	[beˈsɛtneŋ]
piloto (m)	pilot (f)	[piˈloˀt]
hospedeira (f) de bordo	stewardesse (f)	[stjuɑˈdɛsə]
copiloto (m)	styrmand (f)	['styɡˌmanˀ]

asas (f pl)	vinger (f pl)	['veŋʌ]
cauda (f)	hale (f)	['hæ:lə]
cabine (f) de pilotagem	cockpit (i)	['kʌkˌpit]
motor (m)	motor (f)	['mo:tʌ]

| trem (m) de aterragem | landingshjul (i) | ['laneŋsˌjuˀl] |
| turbina (f) | turbine (f) | [tuɡˈbi:nə] |

| hélice (f) | propel (f) | [pʁoˈpɛlˀ] |
| caixa-preta (f) | sort boks (f) | ['soɡt 'bʌks] |

| coluna (f) de controlo | rat (i) | ['ʁat] |
| combustível (m) | brændstof (i) | ['bʁanˌstʌf] |

instruções (f pl) de segurança	sikkerhedsinstruks (f)	['sekʌˌheðˀ enˈstʁuks]
máscara (f) de oxigénio	iltmaske (f)	['iltˌmaskə]
uniforme (m)	uniform (f)	[uniˈfɔˀm]

| colete (m) salva-vidas | redningsvest (f) | ['ʁɛðneŋsˌvɛst] |
| paraquedas (m) | faldskærm (f) | ['falˌskæɡˀm] |

descolagem (f)	start (f)	['stɑˀt]
descolar (vi)	at lette	[ʌ 'lɛtə]
pista (f) de descolagem	startbane (f)	['stɑ:tˌbæ:nə]

| visibilidade (f) | sigtbarhed (f) | ['segtbɑˌheðˀ] |
| voo (m) | flyvning (f) | ['flywneŋ] |

| altura (f) | højde (f) | ['hʌjˀdə] |
| poço (m) de ar | lufthul (i) | ['lɔftˌhɔl] |

assento (m)	plads (f)	['plas]
auscultadores (m pl)	hovedtelefoner (f pl)	['ho:əð teləˈfoˀnʌ]
mesa (f) rebatível	klapbord (i)	['klɑpˌboˀɡ]
vigia (f)	vindue (i)	['vendu]
passagem (f)	midtergang (f)	['metʌˌgaŋˀ]

25. Comboio

comboio (m)	tog (i)	['tɔʔw]
comboio (m) suburbano	lokaltog (i)	[lo'kæˀlˌtɔʔw]
comboio (m) rápido	lyntog, eksprestog (i)	['lyːnˌtɔʔw], [ɛks'pʁasˌtɔʔw]
locomotiva (f) diesel	diesellokomotiv (i)	['diˀsəl lokomo'tiwˀ]
locomotiva (f) a vapor	damplokomotiv (i)	['damp lokomo'tiwˀ]

carruagem (f)	vogn (f)	['vɒwˀn]
carruagem restaurante (f)	spisevogn (f)	['spiːsəˌvɒwˀn]

carris (m pl)	skinner (f pl)	['skenʌ]
caminho de ferro (m)	jernbane (f)	['jæɐ̯ˀnˌbæːnə]
travessa (f)	svelle (f)	['svɛlə]

plataforma (f)	perron (f)	[pa'ʁʌŋ]
linha (f)	spor (i)	['spoˀɐ̯]
semáforo (m)	semafor (f)	[sema'foˀɐ̯]
estação (f)	station (f)	[sta'ɕoˀn]

maquinista (m)	togfører (f)	['tɔwˌføːʌ]
bagageiro (m)	drager (f)	['dʁɑːwʌ]
hospedeiro, -a (da carruagem)	togbetjent (f)	['tɔw be'tjɛnˀt]
passageiro (m)	passager (f)	[pasa'ɕeˀɐ̯]
revisor (m)	kontrollør (f)	[kʌntʁo'løˀɐ̯]

corredor (m)	korridor (f)	[kɒi'doˀɐ̯]
freio (m) de emergência	nødbremse (f)	['nøðˌbʁamsə]
compartimento (m)	kupe, kupé (f)	[ku'peˀ]
cama (f)	køje (f)	['kʌjə]
cama (f) de cima	overkøje (f)	['ɒwʌˌkʌjə]
cama (f) de baixo	underkøje (f)	['ɔnʌˌkʌjə]
roupa (f) de cama	sengetøj (i)	['sɛŋəˌtʌj]

bilhete (m)	billet (f)	[bi'lɛt]
horário (m)	køreplan (f)	['køːʌˌplæˀn]
painel (m) de informação	informationstavle (f)	[enfɒma'ɕons ˌtawlə]

partir (vt)	at afgå	[ʌ 'awˌgɔˀ]
partida (f)	afgang (f)	['awˌgaŋˀ]
chegar (vi)	at ankomme	[ʌ 'anˌkʌmˀə]
chegada (f)	ankomst (f)	['anˌkʌmˀst]

chegar de comboio	at ankomme med toget	[ʌ 'anˌkʌmˀə mɛ 'tɔʔwəð]
apanhar o comboio	at stå på toget	[ʌ 'stiːə pɔ 'tɔʔwəð]
sair do comboio	at stå af toget	[ʌ 'stiːə a 'tɔʔwəð]

acidente (m) ferroviário	togulykke (f)	['tɔw uˌløkə]
descarrilar (vi)	at afspore	[ʌ 'awˌspoˀʌ]

locomotiva (f) a vapor	damplokomotiv (i)	['damp lokomo'tiwˀ]
fogueiro (m)	fyrbøder (f)	['fyɐ̯ˌbøðʌ]
fornalha (f)	fyrrum (i)	['fyɐ̯ˌʁɔmˀ]
carvão (m)	kul (i)	['kɔl]

26. Barco

navio (m)	skib (i)	['ski'b]
embarcação (f)	fartøj (i)	['fɑːˌtʌj]
vapor (m)	dampskib (i)	['dɑmpˌski'b]
navio (m)	flodbåd (f)	['floðˌbɔ'ð]
transatlântico (m)	cruiseskib (i)	['kɹuːsˌski'b]
cruzador (m)	krydser (f)	['kɹysʌ]
iate (m)	yacht (f)	['jɑgt]
rebocador (m)	bugserbåd (f)	[bug'seɡˌbɔ'ð]
barcaça (f)	pram (f)	['pʁɑm']
ferry (m)	færge (f)	['fæɡwə]
veleiro (m)	sejlbåd (f)	['sɑjlˌbɔ'ð]
bergantim (m)	brigantine (f)	[bʁigan'tiːnə]
quebra-gelo (m)	isbryder (f)	['isˌbʁyðʌ]
submarino (m)	u-båd (f)	['u'ˌbɔð]
bote, barco (m)	båd (f)	['bɔ'ð]
bote, dingue (m)	jolle (f)	['jʌlə]
bote (m) salva-vidas	redningsbåd (f)	['ʁɛðneŋsˌbɔ'ð]
lancha (f)	motorbåd (f)	['moːtʌˌbɔ'ð]
capitão (m)	kaptajn (f)	[kɑp'tɑj'n]
marinheiro (m)	matros (f)	[ma'tʁo's]
marujo (m)	sømand (f)	['søˌman']
tripulação (f)	besætning (f)	[be'sɛtneŋ]
contramestre (m)	bådsmand (f)	['bɔðsˌman']
grumete (m)	skibsdreng, jungmand (f)	['skibsˌdʁaŋ'], ['joŋˌman']
cozinheiro (m) de bordo	kok (f)	['kʌk]
médico (m) de bordo	skibslæge (f)	['skibsˌlɛːjə]
convés (m)	dæk (i)	['dɛk]
mastro (m)	mast (f)	['mast]
vela (f)	sejl (i)	['sɑj'l]
porão (m)	lastrum (i)	['lastˌʁɔm']
proa (f)	bov (f)	['bɒw']
popa (f)	agterende (f)	['ɑgtʌˌʁanə]
remo (m)	åre (f)	['ɒːɒ]
hélice (f)	propel (f)	[pʁo'pɛl']
camarote (m)	kahyt (f)	[ka'hyt]
sala (f) dos oficiais	officersmesse (f)	[ʌfi'seɡs ˌmɛsə]
sala (f) das máquinas	maskinrum (i)	[ma'skiːnˌʁɔm']
ponte (m) de comando	kommandobro (f)	[kʊ'mandoˌbʁo']
sala (f) de comunicações	radiorum (i)	['ʁadjoˌʁɔm']
onda (f) de rádio	bølge (f)	['bøljə]
diário (m) de bordo	logbog (f)	['lʌgˌbɔ'w]
luneta (f)	kikkert (f)	['kikʌt]
sino (m)	klokke (f)	['klʌkə]

bandeira (f)	**flag** (i)	['flæˀj]
cabo (m)	**trosse** (f)	['tʁʌsə]
nó (m)	**knob** (i)	['knoˀb]

corrimão (m)	**håndlister** (pl)	['hʌnˌlestʌ]
prancha (f) de embarque	**landgang** (f)	['lanˌgaŋˀ]

âncora (f)	**anker** (i)	['aŋkʌ]
recolher a âncora	**at lette anker**	[ʌ 'lɛtə 'aŋkʌ]
lançar a âncora	**at kaste anker**	[ʌ 'kastə 'aŋkʌ]
amarra (f)	**ankerkæde** (f)	['aŋkʌˌkɛːðə]

porto (m)	**havn** (f)	['hawˀn]
cais, amarradouro (m)	**kaj** (f)	['kajˀ]
atracar (vi)	**at fortøje**	[ʌ fʌ'tʌjˀə]
desatracar (vi)	**at kaste los**	[ʌ 'kastə 'lʌs]

viagem (f)	**rejse** (f)	['ʁajsə]
cruzeiro (m)	**krydstogt** (i)	['kʁysˌtʌgt]
rumo (m), rota (f)	**kurs** (f)	['kuɐ̯ˀs]
itinerário (m)	**rute** (f)	['ʁuːtə]

canal (m) navegável	**sejlrende** (f)	['sajlˌʁanə]
banco (m) de areia	**grund** (f)	['gʁɔnˀ]
encalhar (vt)	**at gå på grund**	[ʌ 'gɔˀ pɔ 'gʁɔnˀ]

tempestade (f)	**storm** (f)	['stɒˀm]
sinal (m)	**signal** (i)	[si'næˀl]
afundar-se (vr)	**at synke**	[ʌ 'søŋkə]
Homem ao mar!	**Mand over bord!**	['manˀ ˌɒwʌ ˌboˀɡ̊]
SOS	**SOS**	[ɛso'ɛs]
boia (f) salva-vidas	**redningskrans** (f)	['ʁɛðneŋsˌkʁanˀs]

CIDADE

27. Transportes urbanos

autocarro (m)	bus (f)	['bus]
elétrico (m)	sporvogn (f)	['spoɡ̊ˌvɒw'n]
troleicarro (m)	trolleybus (f)	['tʁʌliˌbus]
itinerário (m)	rute (f)	['ʁu:tə]
número (m)	nummer (i)	['nɔm'ʌ]
ir de ... (carro, etc.)	at køre på ...	[ʌ 'kø:ʌ 'pɔ' ...]
entrar (~ no autocarro)	at stå på ...	[ʌ stɔ' 'pɔ' ...]
descer de ...	at stå af ...	[ʌ stɔ' 'æ' ...]
paragem (f)	stop, stoppested (i)	['stʌp], ['stʌpəstɛð]
próxima paragem (f)	næste station (f)	['nɛstə sta'ɕo'n]
ponto (m) final	endestation (f)	['ɛnəsta'ɕo'n]
horário (m)	køreplan (f)	['kø:ʌˌplæ'n]
esperar (vt)	at vente	[ʌ 'vɛntə]
bilhete (m)	billet (f)	[bi'lɛt]
custo (m) do bilhete	billetpris (f)	[bi'lɛtˌpʁi's]
bilheteiro (m)	kasserer (f)	[ka'se'ʌ]
controlo (m) dos bilhetes	billetkontrol (f)	[bi'lɛt kɔn'tʁʌl']
revisor (m)	kontrollør (f)	[kʌntʁo'lø'ɡ̊]
atrasar-se (vr)	at komme for sent	[ʌ 'kʌmə fʌ 'se'nt]
perder (o autocarro, etc.)	at komme for sent til ...	[ʌ 'kʌmə fʌ 'se'nt tel ...]
estar com pressa	at skynde sig	[ʌ 'skønə saj]
táxi (m)	taxi (f)	['tɑksi]
taxista (m)	taxichauffør (f)	['tɑksi ɕo'fø'ɡ̊]
de táxi (ir ~)	i taxi	[i 'tɑksi]
praça (f) de táxis	taxiholdeplads (f)	['tɑksi 'hʌləˌplas]
chamar um táxi	at bestille en taxi	[ʌ be'stel'ə en 'tɑksi]
apanhar um táxi	at tage en taxi	[ʌ 'tæ' en 'tɑksi]
tráfego (m)	trafik (f)	[tʁa'fik]
engarrafamento (m)	trafikprop (f)	[tʁa'fikˌpʁʌp]
horas (f pl) de ponta	myldretid (f)	['mylʁʌˌtið']
estacionar (vi)	at parkere	[ʌ pɑ'ke'ʌ]
estacionar (vt)	at parkere	[ʌ pɑ'ke'ʌ]
parque (m) de estacionamento	parkeringsplads (f)	[pɑ'ke'ɡ̊eŋsˌplas]
metro (m)	metro (f)	['me:tʁo]
estação (f)	station (f)	[sta'ɕo'n]
ir de metro	at køre med metroen	[ʌ 'kø:ʌ mɛ 'metʁo:ən]
comboio (m)	tog (i)	['tɔ'w]
estação (f)	banegård (f)	['bæ:nəˌgɒ']

28. Cidade. Vida na cidade

cidade (f)	by (f)	['by']
capital (f)	hovedstad (f)	['ho:əð,stað]
aldeia (f)	landsby (f)	['lans,by']

mapa (m) da cidade	bykort (i)	['by,kɒ:t]
centro (m) da cidade	centrum (i) af byen	['sɛntʁɔm a 'byən]
subúrbio (m)	forstad (f)	['fɒ:,stað]
suburbano	forstads-	['fɒ:,staðs-]

periferia (f)	udkant (f)	['uð,kan't]
arredores (m pl)	omegne (f pl)	['ʌm,aj'nə]
quarteirão (m)	kvarter (i)	[kvɑ'te'ɐ̯]
quarteirão (m) residencial	boligkvarter (i)	['bo:likvɑ'te'ɐ̯]

tráfego (m)	trafik (f)	[tʁɑ'fik]
semáforo (m)	trafiklys (i)	[tʁɑ'fik,ly's]
transporte (m) público	offentlig transport (f)	['ʌfəntli tʁɑns'pɒ:t]
cruzamento (m)	kryds (i, f)	['kʁys]

passadeira (f)	fodgængerovergang (f)	['foðgɛŋʌ 'ɒwʌ,gaŋ']
passagem (f) subterrânea	gangtunnel (f)	['gaŋtu,nɛl']
cruzar, atravessar (vt)	at gå over	[ʌ gɔ' 'ɒw'ʌ]
peão (m)	fodgænger (f)	['foð,gɛŋʌ]
passeio (m)	fortov (i)	['fɒ:,tɒw]

ponte (f)	bro (f)	['bʁo']
margem (f) do rio	kaj (f)	['kɑj']
fonte (f)	springvand (i)	['spʁɛŋ,van']

alameda (f)	alle (f)	[a'le']
parque (m)	park (f)	['pɑ:k]
bulevar (m)	boulevard (f)	[bule'vɑ'd]
praça (f)	torv (i)	['tɒ'w]
avenida (f)	avenue (f)	[avə'ny]
rua (f)	gade (f)	['gæ:ðə]
travessa (f)	sidegade (f)	['si:ðə,gæ:ðə]
beco (m) sem saída	blindgyde (f)	['blen',gy:ðə]

casa (f)	hus (i)	['hu's]
edifício, prédio (m)	bygning (f)	['bygnɛŋ]
arranha-céus (m)	skyskraber (f)	['sky,skʁɑ:bʌ]

fachada (f)	facade (f)	[fa'sæ:ðə]
telhado (m)	tag (i)	['tæ'j]
janela (f)	vindue (i)	['vendu]
arco (m)	bue (f)	['bu:ə]
coluna (f)	søjle (f)	['sʌjlə]
esquina (f)	hjørne (i)	['jœɐ̯'nə]

montra (f)	udstillingsvindue (i)	['uð,stel'eŋs 'vendu]
letreiro (m)	skilt (i)	['skel't]
cartaz (m)	plakat (f)	[pla'kæ't]
cartaz (m) publicitário	reklameplakat (f)	[ʁɛ'klæ:mə,pla'kæ't]

painel (m) publicitário	reklameskilt (i)	[ʁɛˈklæːmə̩skelˀt]
lixo (m)	affald (i)	[ˈɑwˌfalˀ]
cesta (f) do lixo	skraldespand (f)	[ˈskʁɑləˌspanˀ]
jogar lixo na rua	at smide affald	[ʌ ˈsmiːðə ˈɑwˌfalˀ]
aterro (m) sanitário	losseplads (f)	[ˈlʌsəˌplas]
cabine (f) telefónica	telefonboks (f)	[teləˈfoːnˌbʌks]
candeeiro (m) de rua	lygtepæl (f)	[ˈløgtəˌpɛˀl]
banco (m)	bænk (f)	[ˈbɛŋˀk]
polícia (m)	politibetjent (f)	[poliˈti beˈtjɛnˀt]
polícia (instituição)	politi (i)	[poliˈtiˀ]
mendigo (m)	tigger (f)	[ˈtegʌ]
sem-abrigo (m)	hjemløs (f)	[ˈjɛmˌløˀs]

29. Instituições urbanas

loja (f)	forretning (f), butik (f)	[fʌˈʁatneŋ], [buˈtik]
farmácia (f)	apotek (i)	[apoˈteˀk]
ótica (f)	optik (f)	[ʌpˈtik]
centro (m) comercial	indkøbscenter (i)	[ˈenˌkøˀbs ˌsɛnˀtʌ]
supermercado (m)	supermarked (i)	[ˈsuˀpʌˌmaːkəð]
padaria (f)	bageri (i)	[bæjʌˈʁiˀ]
padeiro (m)	bager (f)	[ˈbæːjʌ]
pastelaria (f)	konditori (i)	[kʌnditʌˈʁiˀ]
mercearia (f)	købmandsbutik (f)	[ˈkømans buˈtik]
talho (m)	slagterbutik (f)	[ˈslagtʌ buˈtik]
loja (f) de legumes	grønthandel (f)	[ˈgʁɶntˌhanˀəl]
mercado (m)	marked (i)	[ˈmaːkəð]
café (m)	cafe, kaffebar (f)	[kaˈfeˀ], [ˈkɑfəˌbaˀ]
restaurante (m)	restaurant (f)	[ʁɛstoˈʁɑŋ]
bar (m), cervejaria (f)	ølstue (f)	[ˈølˌstuːə]
pizzaria (f)	pizzeria (i)	[pidsəˈʁiːa]
salão (m) de cabeleireiro	frisørsalon (f)	[fʁiˈsøʁ saˌlʌŋ]
correios (m pl)	postkontor (i)	[ˈpʌst kɔnˈtoˀɡ]
lavandaria (f)	renseri (i)	[ʁansʌˈʁiˀ]
estúdio (m) fotográfico	fotoatelier (i)	[ˈfoto atəlˈje]
sapataria (f)	skotøjsforretning (f)	[ˈskoˌtʌjs fʌˈʁatneŋ]
livraria (f)	boghandel (f)	[ˈbɔwˌhanˀəl]
loja (f) de artigos de desporto	sportsforretning (f)	[ˈspɔːts fʌˈʁatneŋ]
reparação (f) de roupa	reparation (f) af tøj	[ʁɛpʁaˈɕoˀn a ˈtʌj]
aluguer (m) de roupa	udlejning (f) af tøj	[ˈuðˌlajˀneŋ a ˈtʌj]
aluguer (m) de filmes	filmleje (f)	[ˈfilmˌlajə]
circo (m)	cirkus (i)	[ˈsiɡkus]
jardim (m) zoológico	zoologisk have (f)	[sooˈloˀisk ˈhæːvə]
cinema (m)	biograf (f)	[bioˈgʁaˀf]
museu (m)	museum (i)	[muˈsɛːɔm]

biblioteca (f)	bibliotek (i)	[biblio'te'k]
teatro (m)	teater (i)	[te'æ'tʌ]
ópera (f)	opera (f)	['o'pɐʁɑ]
clube (m) noturno	natklub (f)	['nat,klub]
casino (m)	kasino (i)	[ka'si:no]

mesquita (f)	moske (f)	[mo'ske']
sinagoga (f)	synagoge (f)	[syna'go:ə]
catedral (f)	katedral (f)	[katə'dʁɑ'l]
templo (m)	tempel (i)	['tɛm'pəl]
igreja (f)	kirke (f)	['kiɐ̯kə]

instituto (m)	institut (i)	[ensdi'tut]
universidade (f)	universitet (i)	[univæɐ̯si'te't]
escola (f)	skole (f)	['sko:lə]

prefeitura (f)	præfektur (i)	[pʁɛfɛk'tuɐ̯']
câmara (f) municipal	rådhus (i)	['ʁɔð,hu's]
hotel (m)	hotel (i)	[ho'tɛl']
banco (m)	bank (f)	['baŋ'k]

embaixada (f)	ambassade (f)	[amba'sæ:ðə]
agência (f) de viagens	rejsebureau (i)	['ʁɑjsə by,ʁo]
agência (f) de informações	informationskontor (i)	[enfɒma'ɕons kɔn'to'ɐ̯]
casa (f) de câmbio	vekselkontor (i)	['vɛksəl kɔn'to'ɐ̯]

| metro (m) | metro (f) | ['me:tʁo] |
| hospital (m) | sygehus (i) | ['sy:ə,hu's] |

| posto (m) de gasolina | tankstation (f) | ['taŋk sta'ɕ'on] |
| parque (m) de estacionamento | parkeringsplads (f) | [pɑ'ke'ɡɐ̯eŋs,plas] |

30. Sinais

letreiro (m)	skilt (i)	['skel't]
inscrição (f)	indskrift (f)	['en,skʁɛft]
cartaz, póster (m)	poster (f)	['pɔwstʌ]
sinal (m) informativo	vejviser (f)	['vɑj,vi:sʌ]
seta (f)	pil (f)	['pi'l]

aviso (advertência)	advarsel (f)	['að,vɑ:səl]
sinal (m) de aviso	advarselsskilt (i)	['að,vɑ:səls 'skel't]
avisar, advertir (vt)	at advare	[ʌ 'að,vɑ'ɑ]

dia (m) de folga	fridag (f)	['fʁidæ']
horário (m)	køreplan (f)	['kø:ʌ,plæ'n]
horário (m) de funcionamento	åbningstid (f)	['ɔ:bneŋs,tið']

BEM-VINDOS!	VELKOMMEN!	['vɛl,kʌm'ən]
ENTRADA	INDGANG	['en,gaŋ']
SAÍDA	UDGANG	['uð,gaŋ']

| EMPURRE | TRYK | ['tʁœk] |
| PUXE | TRÆK | ['tʁak] |

| ABERTO | ÅBENT | ['ɔ:bənt] |
| FECHADO | LUKKET | ['lɔkeð] |

| MULHER | KVINDE | ['kvenə] |
| HOMEM | MAND | ['man'] |

DESCONTOS	RABAT	[ʁɑ'bat]
SALDOS	UDSALG	['uð‚sal']
NOVIDADE!	NYHED!	['nyheð']
GRÁTIS	GRATIS	['gʁɑ:tis]

ATENÇÃO!	PAS PÅ!	['pas 'pɔ]
NÃO HÁ VAGAS	INGEN LEDIGE VÆRELSER	['eŋən 'le:ðiə 'væɐ̯ʌlsʌ]
RESERVADO	RESERVERET	[ʁɛsæɐ̯'ve'ʌð]

| ADMINISTRAÇÃO | ADMINISTRATION | [aðministʁɑ'ɕo'n] |
| SOMENTE PESSOAL AUTORIZADO | KUN FOR PERSONALE | ['kɔn fʌ pæɐ̯so'næ:lə] |

CUIDADO CÃO FEROZ	HER VOGTER JEG	['hɛ'ɐ̯ 'vʌgtʌ 'jaj]
PROIBIDO FUMAR!	RYGNING FORBUDT	['ʁy:neŋ fʌ'by'ð]
NÃO TOCAR	MÅ IKKE BERØRES!	[mɔ 'ekə be'ʁɶ'ʌs]

PERIGOSO	FARLIG	['fɑ:li]
PERIGO	FARE	['fɑ:ɑ]
ALTA TENSÃO	HØJSPÆNDING	['hʌj‚spɛneŋ]
PROIBIDO NADAR	BADNING FORBUDT	['bæ:ðneŋ fʌ'by'ð]
AVARIADO	UDE AF DRIFT	['u:ðə a 'dʁɛft]

INFLAMÁVEL	BRANDFARLIG	['bʁɑn‚fɑ:li]
PROIBIDO	FORBUDT	[fʌ'by't]
ENTRADA PROIBIDA	ADGANG FORBUDT	['að‚gɑŋ' fʌ'by'ð]
CUIDADO TINTA FRESCA	NYMALET	['ny‚mæ'ləð]

31. Compras

comprar (vt)	at købe	[ʌ 'kø:bə]
compra (f)	indkøb (i)	['en‚kø'b]
fazer compras	at gå på indkøb	[ʌ gɔ' pɔ 'en‚kø'b]
compras (f pl)	shopping (f)	['ɕʌpeŋ]

| estar aberta (loja, etc.) | at være åben | [ʌ 'vɛ:ʌ 'ɔ:bən] |
| estar fechada | at være lukket | [ʌ 'vɛ:ʌ 'lɔkeð] |

calçado (m)	sko (f)	['sko']
roupa (f)	klæder (i pl)	['klɛ:ðʌ]
cosméticos (m pl)	kosmetik (f)	[kʌsmə'tik]
alimentos (m pl)	madvarer (f pl)	['maðvɑ:ʌ]
presente (m)	gave (f)	['gæ:və]

vendedor (m)	sælger (f)	['sɛljʌ]
vendedora (f)	sælger (f)	['sɛljʌ]
caixa (f)	kasse (f)	['kasə]

espelho (m)	**spejl** (i)	['spɑj'l]
balcão (m)	**disk** (f)	['disk]
cabine (f) de provas	**prøverum** (i)	['pʁœːwəˌʁɔmˀ]
provar (vt)	**at prøve**	[ʌ 'pʁœːwə]
servir (vi)	**at passe**	[ʌ 'pasə]
gostar (apreciar)	**at kunne lide**	[ʌ 'kunə 'liːðə]
preço (m)	**pris** (f)	['pʁiˀs]
etiqueta (f) de preço	**prismærke** (i)	['pʁisˌmæɐ̯kə]
custar (vt)	**at koste**	[ʌ 'kʌstə]
Quanto?	**Hvor meget?**	[vɒˀ 'mɑɑð]
desconto (m)	**rabat** (f)	[ʁɑ'bat]
não caro	**billig**	['bili]
barato	**billig**	['bili]
caro	**dyr**	['dyɐ̯ˀ]
É caro	**Det er dyrt**	[de 'æɐ̯ 'dyɐ̯ˀt]
aluguer (m)	**leje** (f)	['lɑjə]
alugar (vestidos, etc.)	**at leje**	[ʌ 'lɑjə]
crédito (m)	**kredit** (f)	[kʁɛ'dit]
a crédito	**på kredit**	[pɔ kʁɛ'dit]

VESTUÁRIO & ACESSÓRIOS

32. Roupa exterior. Casacos

roupa (f)	tøj (i), klæder (i pl)	['tʌj], ['klɛːðʌ]
roupa (f) exterior	overtøj (i)	['ɒwʌˌtʌj]
roupa (f) de inverno	vintertøj (i)	['ventʌˌtʌj]
sobretudo (m)	frakke (f)	['fʁakə]
casaco (m) de peles	pels (f), pelskåbe (f)	['pɛlˀs], ['pɛlsˌkɔːbə]
casaco curto (m) de peles	pelsjakke (f)	['pɛlsˌjakə]
casaco (m) acolchoado	dynejakke (f)	['dyːnəˌjakə]
casaco, blusão (m)	jakke (f)	['jakə]
impermeável (m)	regnfrakke (f)	['ʁajnˌfʁakə]
impermeável	vandtæt	['vanˌtɛt]

33. Vestuário de homem & mulher

camisa (f)	skjorte (f)	['skjoʁtə]
calças (f pl)	bukser (pl)	['bɔksʌ]
calças (f pl) de ganga	jeans (pl)	['djiːns]
casaco (m) de fato	jakke (f)	['jakə]
fato (m)	jakkesæt (i)	['jakəˌsɛt]
vestido (ex. ~ vermelho)	kjole (f)	['kjoːlə]
saia (f)	nederdel (f)	['neðʌˌdeˀl]
blusa (f)	bluse (f)	['bluːsə]
casaco (m) de malha	strikket trøje (f)	['stʁɛkəð 'tʁʌjə]
casaco, blazer (m)	blazer (f)	['blɛjsʌ]
T-shirt, camiseta (f)	t-shirt (f)	['tiːˌɕœːt]
calções (Bermudas, etc.)	shorts (pl)	['ɕɒːts]
fato (m) de treino	træningsdragt (f)	['tʁɛːneŋsˌdʁagt]
roupão (m) de banho	badekåbe (f)	['bæːðəˌkɔːbə]
pijama (m)	pyjamas (f)	[py'jæːmas]
suéter (m)	sweater (f)	['swɛtʌ]
pulôver (m)	pullover (f)	[pul'ɔwʌ]
colete (m)	vest (f)	['vɛst]
fraque (m)	kjolesæt (i)	['kjoːləˌsɛt]
smoking (m)	smoking (f)	['smoːken]
uniforme (m)	uniform (f)	[uni'fɒˀm]
roupa (f) de trabalho	arbejdstøj (i)	['ɑːbajdsˌtʌj]
fato-macaco (m)	kedeldragt, overall (f)	['keðəlˌdʁagt], ['ɒwɒˌɒːl]
bata (~ branca, etc.)	kittel (f)	['kitəl]

34. Vestuário. Roupa interior

roupa (f) interior	undertøj (i)	['ɔnʌˌtʌj]
cuecas boxer (f pl)	boxershorts (pl)	['bʌgsʌˌɕɒːts]
cuecas (f pl)	trusser (pl)	['tʁusʌ]
camisola (f) interior	undertrøje (f)	['ɔnʌˌtʁʌjə]
peúgas (f pl)	sokker (f pl)	['sʌkʌ]
camisa (f) de noite	natkjole (f)	['natˌkjoːlə]
sutiã (m)	bh (f), brystholder (f)	[be'hɔˀ], ['bʁœstˌhʌlˀʌ]
meias longas (f pl)	knæstrømper (f pl)	['knɛˌstʁœmpʌ]
meia-calça (f)	strømpebukser (pl)	['stʁœmbəˌbɔksʌ]
meias (f pl)	strømper (f pl)	['stʁœmpʌ]
fato (m) de banho	badedragt (f)	['bæːðəˌdʁɑgt]

35. Adereços de cabeça

chapéu (m)	hue (f)	['huːə]
chapéu (m) de feltro	hat (f)	['hat]
boné (m) de beisebol	baseballkasket (f)	['bɛjsˌbɒːl ka'skɛt]
boné (m)	kasket (f)	[ka'skɛt]
boina (f)	baskerhue (f)	['bɑːskʌˌhuːə]
capuz (m)	hætte (f)	['hɛtə]
panamá (m)	panamahat (f)	['panˀamaˌhat]
gorro (m) de malha	strikhue (f)	['stʁɛkˌhuə]
lenço (m)	tørklæde (i)	['tœɐ̯ˌklɛːðə]
chapéu (m) de mulher	hat (f)	['hat]
capacete (m) de proteção	hjelm (f)	['jɛlˀm]
bibico (m)	skråhue (f)	['skʁʌˌhuːə]
capacete (m)	hjelm (f)	['jɛlˀm]
chapéu-coco (m)	bowlerhat (f)	['bɔwlʌˌhat]
chapéu (m) alto	høj hat (f)	['hʌj 'hat]

36. Calçado

calçado (m)	sko (f)	['skoˀ]
botinas (f pl)	støvler (f pl)	['stœwlʌ]
sapatos (de salto alto, etc.)	damesko (f pl)	['dæːməˌskoː]
botas (f pl)	støvler (f pl)	['stœwlʌ]
pantufas (f pl)	hjemmesko (f pl)	['jɛməˌskoˀ]
ténis (m pl)	tennissko, kondisko (f pl)	['tɛnisˌskoˀ], ['kʌndiˌskoˀ]
sapatilhas (f pl)	kanvas sko (f pl)	['kanvas ˌskoˀ]
sandálias (f pl)	sandaler (f pl)	[san'dæˀlʌ]
sapateiro (m)	skomager (f)	['skoˌmæˀjʌ]
salto (m)	hæl (f)	['hɛˀl]

par (m)	**par** (i)	['pɑ]
atacador (m)	**snøre** (f)	['snœːʌ]
apertar os atacadores	**at snøre**	[ʌ 'snœːʌ]
calçadeira (f)	**skohorn** (i)	['skoˌhoɐ̯'n]
graxa (f) para calçado	**skocreme** (f)	['skoˌkʁɛ'm]

37. Acessórios pessoais

luvas (f pl)	**handsker** (f pl)	['hanskʌ]
mitenes (f pl)	**vanter** (f pl)	['van'tʌ]
cachecol (m)	**halstørklæde** (i)	['hals 'tœɐ̯ˌklɛːðə]
óculos (m pl)	**briller** (pl)	['bʁɛlʌ]
armação (f) de óculos	**brillestel** (i)	['bʁɛləˌstɛl']
guarda-chuva (m)	**paraply** (f)	[pɑɑ'ply']
bengala (f)	**stok** (f)	['stʌk]
escova (f) para o cabelo	**hårbørste** (f)	['hoˌbœɐ̯stə]
leque (m)	**vifte** (f)	['veftə]
gravata (f)	**slips** (i)	['sleps]
gravata-borboleta (f)	**butterfly** (f)	['bʌtʌˌflɑj]
suspensórios (m pl)	**seler** (f pl)	['seːlʌ]
lenço (m)	**lommetørklæde** (i)	['lʌməˌtœɐ̯klɛːðə]
pente (m)	**kam** (f)	['kɑm']
travessão (m)	**hårspænde** (i)	['hoːˌspɛnə]
gancho (m) de cabelo	**hårnål** (f)	['hoːˌnɔ'l]
fivela (f)	**spænde** (i)	['spɛnə]
cinto (m)	**bælte** (i)	['bɛltə]
correia (f)	**rem** (f)	['ʁam']
mala (f)	**taske** (f)	['taskə]
mala (f) de senhora	**dametaske** (f)	['dæːmeːˌtaskə]
mochila (f)	**rygsæk** (f)	['ʁœgˌsɛk]

38. Vestuário. Diversos

moda (f)	**mode** (f)	['moːðə]
na moda	**moderigtig**	['moːðəˌʁɛgti]
estilista (m)	**modedesigner** (f)	['moːðə de'sɑjnʌ]
colarinho (m), gola (f)	**krave** (f)	['kʁɑːvə]
bolso (m)	**lomme** (f)	['lʌmə]
de bolso	**lomme-**	['lʌmə-]
manga (f)	**ærme** (i)	['æɐmə]
alcinha (f)	**strop** (f)	['stʁʌp]
braguilha (f)	**gylp** (f)	['gyl'p]
fecho (m) de correr	**lynlås** (f)	['lynˌlɔ's]
fecho (m), colchete (m)	**hægte, lukning** (f)	['hɛgtə], ['lɔknen]
botão (m)	**knap** (f)	['knap]

| casa (f) de botão | knaphul (i) | ['knɑpˌhɔl] |
| soltar-se (vr) | at falde af | [ʌ 'falə 'æˀ] |

coser, costurar (vi)	at sy	[ʌ syˀ]
bordar (vt)	at brodere	[ʌ bʁoˈdeˀʌ]
bordado (m)	broderi (i)	[bʁodʌˈʁiˀ]
agulha (f)	synål (f)	['syˌnɔˀl]
fio (m)	tråd (f)	['tʁoˀð]
costura (f)	søm (f)	['sœmˀ]

sujar-se (vr)	at smudse sig til	[ʌ 'smusə sɑ 'tel]
mancha (f)	plet (f)	['plɛt]
engelhar-se (vr)	at blive krøllet	[ʌ 'bliːə 'kʁœləð]
rasgar (vt)	at rive	[ʌ 'ʁiːvə]
traça (f)	møl (i)	['møl]

39. Cuidados pessoais. Cosméticos

pasta (f) de dentes	tandpasta (f)	['tanˌpasta]
escova (f) de dentes	tandbørste (f)	['tanˌbœʁstə]
escovar os dentes	at børste tænder	[ʌ 'bœʁstə 'tɛnʌ]

máquina (f) de barbear	skraber (f)	['skʁɑːbʌ]
creme (m) de barbear	barbercreme (f)	[bɑˈbeˀɡˌkʁɛˀm]
barbear-se (vr)	at barbere sig	[ʌ bɑˈbeˀʌ sɑj]

| sabonete (m) | sæbe (f) | ['sɛːbə] |
| champô (m) | shampoo (f) | ['ɕæːmˌpuː] |

tesoura (f)	saks (f)	['saks]
lima (f) de unhas	neglefil (f)	['najləˌfiˀl]
corta-unhas (m)	neglesaks (f)	['najləˌsaks]
pinça (f)	pincet (f)	[penˈsɛt]

cosméticos (m pl)	kosmetik (f)	[kʌsməˈtik]
máscara (f) facial	ansigtsmaske (f)	['ansegts 'maskə]
manicura (f)	manicure (f)	[maniˈkyːʌ]
fazer a manicura	at få manicure	[ʌ 'fɔˀ maniˈkyːʌ]
pedicure (f)	pedicure (f)	[pediˈkyːʌ]

mala (f) de maquilhagem	kosmetiktaske (f)	[kʌsməˈtikˌtaskə]
pó (m)	pudder (i)	['puðˀʌ]
caixa (f) de pó	pudderdåse (f)	['puðʌˌdɔːsə]
blush (m)	rouge (f)	['ʁuːɕ]

perfume (m)	parfume (f)	[pɑˈfyːmə]
água (f) de toilette	eau de toilette (f)	[ˌodətoaˈlɛt]
loção (f)	lotion (f)	['lɔwɕən]
água-de-colónia (f)	eau de cologne (f)	[odəkoˈlʌnjə]

sombra (f) de olhos	øjenskygge (f)	['ʌjənˌskygə]
lápis (m) delineador	eyeliner (f)	['ɑːjˌlajnʌ]
máscara (f), rímel (m)	mascara (f)	[maˈskɑːɑ]
batom (m)	læbestift (f)	['lɛːbəˌsteft]

verniz (m) de unhas	neglelak (f)	['nɑjləˌlɑk]
laca (f) para cabelos	hårspray (f)	['hɒːˌspʁɛj]
desodorizante (m)	deodorant (f)	[deodo'ʁanˀt]

creme (m)	creme (f)	['kʁɛˀm]
creme (m) de rosto	ansigtscreme (f)	['ansegts 'kʁɛˀm]
creme (m) de mãos	håndcreme (f)	['hʌnˌkʁɛˀm]
creme (m) antirrugas	antirynke creme (f)	[antɐ'ʁœŋkə 'kʁɛˀm]
creme (m) de dia	dagcreme (f)	['dɑwˌkʁɛˀm]
creme (m) de noite	natcreme (f)	['natˌkʁɛˀm]
de dia	dag-	['dɑw-]
da noite	nat-	['nat-]

tampão (m)	tampon (f)	[tɑm'pʌŋ]
papel (m) higiénico	toiletpapir (i)	[toa'lɛt pa'piɐ̯ˀ]
secador (m) elétrico	hårtørrer (f)	['hɒːˌtœɐ̯ʌ]

40. Relógios de pulso. Relógios

relógio (m) de pulso	armbåndsur (i)	['ɑːmbʌnsˌuɐ̯ˀ]
mostrador (m)	urskive (f)	['uɐ̯ˌskiːvə]
ponteiro (m)	viser (f)	['viːsʌ]
bracelete (f) em aço	armbånd (i)	['ɑːmˌbʌnˀ]
bracelete (f) em couro	urrem (f)	['uɐ̯ˌʁam̩ˀ]

pilha (f)	batteri (i)	[batʌ'ʁiˀ]
descarregar-se	at blive afladet	[ʌ 'bliːə 'ɑwˌlæˀðəð]
trocar a pilha	at skifte et batteri	[ʌ 'skiftə et batʌ'ʁiˀ]
estar adiantado	at gå for hurtigt	[ʌ gɔˀ fʌ 'hoɐ̯tit]
estar atrasado	at gå for langsomt	[ʌ gɔˀ fʌ 'laŋˌsʌmt]

relógio (m) de parede	vægur (i)	['vɛːgˌuɐ̯ˀ]
ampulheta (f)	timeglas (i)	['tiːməˌglas]
relógio (m) de sol	solur (i)	['soːlˌuɐ̯ˀ]
despertador (m)	vækkeur (i)	['vɛkəˌuɐ̯ˀ]
relojoeiro (m)	urmager (f)	['uɐ̯ˌmæˀjʌ]
reparar (vt)	at reparere	[ʌ ʁɛpə'ʁɛˀʌ]

EXPERIÊNCIA DO QUOTIDIANO

41. Dinheiro

dinheiro (m)	penge (pl)	['pɛŋə]
câmbio (m)	veksling (f)	['vɛksleŋ]
taxa (f) de câmbio	kurs (f)	['kuɐ̯'s]
Caixa Multibanco (m)	pengeautomat (f)	['pɛŋə awto'mæ'ʔt]
moeda (f)	mønt (f)	['møn'ʔt]

dólar (m)	dollar (f)	['dʌlʌ]
euro (m)	euro (f)	['œwʁo]

lira (f)	lire (f)	['liːʌ]
marco (m)	mark (f)	['mɑːk]
franco (m)	franc (f)	['fʁɑŋ'k]
libra (f) esterlina	engelske pund (i)	['ɛŋ'əlskə pun']
iene (m)	yen (f)	['jɛn]

dívida (f)	gæld (f)	['gɛl']
devedor (m)	skyldner (f)	['skylnʌ]
emprestar (vt)	at låne ud	[ʌ 'lɔːnə ˌuð']
pedir emprestado	at låne	[ʌ 'lɔːnə]

banco (m)	bank (f)	['bɑŋ'k]
conta (f)	konto (f)	['kʌnto]
depositar (vt)	at indsætte	[ʌ 'enˌsɛtə]
depositar na conta	at sætte ind på kontoen	[ʌ 'sɛtə 'en' pɔ 'kʌnto:ən]
levantar (vt)	at hæve fra kontoen	[ʌ 'hɛːvə fʁɑ 'kʌnto:ən]

cartão (m) de crédito	kreditkort (i)	[kʁɛ'dit kɒːt]
dinheiro (m) vivo	kontanter (pl)	[kɔn'tan'ʔʌ]
cheque (m)	check (f)	['ɕɛk]
passar um cheque	at skrive en check	[ʌ 'skʁiːvə en 'ɕɛk]
livro (m) de cheques	checkhæfte (i)	['ɕɛkˌhɛftə]

carteira (f)	tegnebog (f)	['tajnəˌbɔ'w]
porta-moedas (m)	pung (f)	['pɔŋ']
cofre (m)	pengeskab (i)	['pɛŋəˌskæ'b]

herdeiro (m)	arving (f)	['ɑːveŋ]
herança (f)	arv (f)	['ɑ'w]
fortuna (riqueza)	formue (f)	['fɔːˌmuːə]

arrendamento (m)	leje (f)	['lɑjə]
renda (f) de casa	husleje (f)	['husˌlɑjə]
alugar (vt)	at leje	[ʌ 'lɑjə]

preço (m)	pris (f)	['pʁi'ʔs]
custo (m)	omkostning (f)	['ʌmˌkʌstneŋ]

soma (f)	sum (f)	['sɔmˀ]
gastar (vt)	at bruge	[ʌ 'bʁuːə]
gastos (m pl)	udgifter (f pl)	['uðˌgiftʌ]
economizar (vi)	at spare	[ʌ 'spɑːɑ]
económico	sparsommelig	[spɑ'sʌmˀəli]

pagar (vt)	at betale	[ʌ be'tæˀlə]
pagamento (m)	betaling (f)	[be'tæˀlen]
troco (m)	byttepenge (pl)	['bytəˌpɛŋə]

imposto (m)	skat (f)	['skat]
multa (f)	bøde (f)	['bøːðə]
multar (vt)	at give bødestraf	[ʌ 'giˀ 'bøːðəˌstʁɑf]

42. Correios. Serviço postal

correios (m pl)	postkontor (i)	['pʌst kɔn'toˀɐ̯]
correio (m)	post (f)	['pʌst]
carteiro (m)	postbud (i)	['pʌstˌbuð]
horário (m)	åbningstid (f)	['ɔːbneŋsˌtiðˀ]

carta (f)	brev (i)	['bʁɛwˀ]
carta (f) registada	rekommanderet brev (i)	[ʁɛkɔman'deˀʌð 'bʁɛwˀ]
postal (m)	postkort (i)	['pʌstˌkɒːt]
telegrama (m)	telegram (i)	[telə'gʁɑmˀ]
encomenda (f) postal	postpakke (f)	['pʌstˌpakə]
remessa (f) de dinheiro	pengeoverførsel (f)	['pɛŋə 'ɒwʌˌføɐ̯ˀsəl]

receber (vt)	at modtage	[ʌ 'moðˌtæˀ]
enviar (vt)	at sende	[ʌ 'sɛnə]
envio (m)	afsendelse (f)	['awˌsɛnˀəlsə]
endereço (m)	adresse (f)	[a'dʁasə]
código (m) postal	postnummer (i)	['pʌstˌnɔmˀʌ]
remetente (m)	afsender (f)	['awˌsɛnˀʌ]
destinatário (m)	modtager (f)	['moðˌtæˀjʌ]

nome (m)	fornavn (i)	['fɒːˌnɑwˀn]
apelido (m)	efternavn (i)	['ɛftʌˌnɑwˀn]
tarifa (f)	tarif (f)	[tɑ'ʁif]
ordinário	vanlig	['væ̈ˀnli]
económico	økonomisk	[øko'noˀmisk]

peso (m)	vægt (f)	['vɛgt]
pesar (estabelecer o peso)	at veje	[ʌ 'vajə]
envelope (m)	konvolut, kuvert (f)	[kɔnvo'lut], [ku'væ̈ɡt]
selo (m)	frimærke (i)	['fʁiˌmæɡkə]
colar o selo	at frankere	[ʌ fʁɑŋ'keˀʌ]

43. Banca

| banco (m) | bank (f) | ['bɑŋˀk] |
| sucursal, balcão (f) | afdeling (f) | ['awˌdeˀleŋ] |

| consultor (m) | konsulent (f) | [kʌnsu'lɛnˀt] |
| gerente (m) | forretningsfører (f) | [fʌ'ʁatneŋsˌføːʌ] |

conta (f)	bankkonto (f)	['baŋˀkˌkʌnto]
número (m) da conta	kontonummer (i)	['kʌntoˌnɔmˀʌ]
conta (f) corrente	checkkonto (f)	['ɕɛkˌkʌnto]
conta (f) poupança	opsparingskonto (f)	['ʌpˌspɑ'eŋs ˌkʌnto]

abrir uma conta	at åbne en konto	[ʌ 'ɔːbnə en 'kʌnto]
fechar uma conta	at lukke kontoen	[ʌ 'lɔkə 'kʌntoːən]
depositar na conta	at sætte ind på kontoen	[ʌ 'sɛtə 'enˀ pɔ 'kʌntoːən]
levantar (vt)	at hæve fra kontoen	[ʌ 'hɛːvə fʁɑ 'kʌntoːən]

depósito (m)	indskud (i)	['enˌskuð]
fazer um depósito	at indsætte	[ʌ 'enˌsɛtə]
transferência (f) bancária	overførelse (f)	['ɒwʌˌføːʌlsə]
transferir (vt)	at overføre	[ʌ 'ɒwʌˌføˀʌ]

| soma (f) | sum (f) | ['sɔmˀ] |
| Quanto? | Hvor meget? | [vɒˀ 'mɑɑð] |

| assinatura (f) | signatur, underskrift (f) | [sina'tuɡˀ], ['ɔnʌˌskʁɛft] |
| assinar (vt) | at underskrive | [ʌ 'ɔnʌˌskʁiˀvə] |

cartão (m) de crédito	kreditkort (i)	[kʁɛ'dit kɒːt]
código (m)	kode (f)	['koːðə]
número (m) do cartão de crédito	kreditkortnummer (i)	[kʁɛ'dit kɒːt 'nɔmˀʌ]
Caixa Multibanco (m)	pengeautomat (f)	['pɛŋə ɑwto'mæˀt]

cheque (m)	check (f)	['ɕɛk]
passar um cheque	at skrive en check	[ʌ 'skʁiːvə en 'ɕɛk]
livro (m) de cheques	checkhæfte (i)	['ɕɛkˌhɛftə]

empréstimo (m)	lån (i)	['lɔˀn]
pedir um empréstimo	at ansøge om lån	[ʌ 'anˌsøːə ɒm 'lɔˀn]
obter um empréstimo	at få et lån	[ʌ 'fɔˀ et 'lɔˀn]
conceder um empréstimo	at yde et lån	[ʌ 'yːðə et 'lɔˀn]
garantia (f)	garanti (f)	[gɑɑn'tiˀ]

44. Telefone. Conversação telefónica

telefone (m)	telefon (f)	[telə'foˀn]
telemóvel (m)	mobiltelefon (f)	[mo'bil telə'foˀn]
secretária (f) electrónica	telefonsvarer (f)	[telə'foːnˌsvɑːɑ]

| fazer uma chamada | at ringe | [ʌ 'ʁɛŋə] |
| chamada (f) | telefonsamtale (f) | [telə'foːn 'samˌtæːlə] |

marcar um número	at taste et nummer	[ʌ 'tastə et 'nɔmˀʌ]
Alô!	Hallo!	[ha'lo]
perguntar (vt)	at spørge	[ʌ 'spœɡʌ]
responder (vt)	at svare	[ʌ 'svɑːɑ]
ouvir (vt)	at høre	[ʌ 'høːʌ]

bem	**godt**	['gʌt]
mal	**dårligt**	['dɒ:lit]
ruído (m)	**støj** (f)	['stʌjˀ]
auscultador (m)	**telefonrør** (i)	[telə'fo:nˌʁœˀɐ̯]
pegar o telefone	**at tage telefonen**	[ʌ 'tæˀ telə'foˀnən]
desligar (vi)	**at lægge på**	[ʌ 'lɛgə pɔˀ]
ocupado	**optaget**	['ʌpˌtæˀj]
tocar (vi)	**at ringe**	[ʌ 'ʁɛŋə]
lista (f) telefónica	**telefonbog** (f)	[telə'fo:nˌbɔˀw]
local	**lokal-**	[lo'kæl-]
chamada (f) local	**lokalopkald** (i)	[lo'kæˀl 'ʌpˌkalˀ]
de longa distância	**fjern-**	['fjæɐ̯n-]
chamada (f) de longa distância	**fjernopkald** (i)	['fjæɐ̯n 'ʌpˌkalˀ]
internacional	**international**	['entʌnaɕoˌnæˀl]
chamada (f) internacional	**internationalt opkald** (i)	['entʌnaɕoˌnæˀlt 'ʌpˌkalˀ]

45. Telefone móvel

telemóvel (m)	**mobiltelefon** (f)	[mo'bil telə'foˀn]
ecrã (m)	**skærm** (f)	['skæɐ̯'m]
botão (m)	**knap** (f)	['knap]
cartão SIM (m)	**SIM-kort** (i)	['semˌkɒ:t]
bateria (f)	**batteri** (i)	[batʌ'ʁiˀ]
descarregar-se	**at blive afladet**	[ʌ 'bli:ə 'awˌlæˀðəð]
carregador (m)	**oplader** (f)	['ʌplˌlæˀðʌ]
menu (m)	**menu** (f)	[me'ny]
definições (f pl)	**indstillinger** (f pl)	['enˌstelˀeŋʌ]
melodia (f)	**melodi** (f)	[melo'diˀ]
escolher (vt)	**at vælge**	[ʌ 'vɛljə]
calculadora (f)	**lommeregner** (f)	['lʌməˌʁajnʌ]
correio (m) de voz	**telefonsvarer** (f)	[telə'foˀnˌsva:ɑ]
despertador (m)	**vækkeur** (i)	['vɛkəˌuɐ̯']
contatos (m pl)	**kontakter** (f pl)	[kɔn'taktʌ]
mensagem (f) de texto	**SMS** (f)	[ɛsɛm'ɛs]
assinante (m)	**abonnent** (f)	[abo'nɛnˀt]

46. Estacionário

caneta (f)	**kuglepen** (f)	['ku:ləˌpɛnˀ]
caneta (f) tinteiro	**fyldepen** (f)	['fyləˌpɛnˀ]
lápis (m)	**blyant** (f)	['bly:ˌanˀt]
marcador (m)	**mærkepen** (f)	[mɑ'køɐ̯ˌpɛnˀ]
caneta (f) de feltro	**tuschpen** (f)	['tuɕˌpɛnˀ]

bloco (m) de notas	notesblok (f)	['no:təs‚blʌk]
agenda (f)	dagbog (f)	['dɑw‚bɔˀw]
régua (f)	lineal (f)	[line'æˀl]
calculadora (f)	regnemaskine (f)	['ʁɑjnə ma'ski:nə]
borracha (f)	viskelæder (i)	['veskə‚lɛðˀʌ]
pionés (m)	tegnestift (f)	['tɑjnə‚steft]
clipe (m)	clips (i)	['kleps]
cola (f)	lim (f)	['liˀm]
agrafador (m)	hæftemaskine (f)	['hɛfta ma'ski:nə]
furador (m)	hullemaskine (f)	['hɔlə ma'ski:nə]
afia-lápis (m)	blyantspidser (f)	['bly:ant‚spesʌ]

47. Línguas estrangeiras

língua (f)	sprog (i)	['spʁɔˀw]
estrangeiro	fremmed-	['fʁaməð-]
língua (f) estrangeira	fremmedsprog (i)	['fʁaməð'spʁɔˀw]
estudar (vt)	at studere	[ʌ stu'deˀʌ]
aprender (vt)	at lære	[ʌ 'lɛ:ʌ]
ler (vt)	at læse	[ʌ 'lɛ:sə]
falar (vi)	at tale	[ʌ 'tæ:lə]
compreender (vt)	at forstå	[ʌ fʌ'stɔˀ]
escrever (vt)	at skrive	[ʌ 'skʁi:və]
rapidamente	hurtigt	['hoɡtit]
devagar	langsomt	['laŋ‚sʌmt]
fluentemente	flydende	['fly:ðənə]
regras (f pl)	regler (f pl)	['ʁɛjlʌ]
gramática (f)	grammatik (f)	[gʁama'tik]
vocabulário (m)	ordforråd (i)	['oɡfɒ‚ʁɔˀð]
fonética (f)	fonetik (f)	[fonə'tik]
manual (m) escolar	lærebog (f)	['lɛ:ʌ‚bɔˀw]
dicionário (m)	ordbog (f)	['oɡ‚bɔˀw]
manual (m) de autoaprendizagem	lærebog (f) til selvstudium	['lɛ:ʌ‚bɔˀw tel 'sɛl‚stuˀdjɔm]
guia (m) de conversação	parlør (f)	[pa'lœ:ɐ̯]
cassete (f)	kassette (f)	[ka'sɛtə]
vídeo cassete (m)	videokassette (f)	['vi'djo ka'sɛtə]
CD (m)	cd (f)	[se'deˀ]
DVD (m)	dvd (f)	[deve'deˀ]
alfabeto (m)	alfabet (i)	[alfa'beˀt]
soletrar (vt)	at stave	[ʌ 'stæ:və]
pronúncia (f)	udtale (f)	['uð‚tæ:lə]
sotaque (m)	accent (f)	[ɑk'saŋ]
com sotaque	med accent	[mɛ ɑk'saŋ]
sem sotaque	uden accent	['uðən ɑk'saŋ]

| palavra (f) | ord (i) | ['oˀɐ̯] |
| sentido (m) | betydning (f) | [beˈtyðˀneŋ] |

cursos (m pl)	kursus (i)	[ˈkuɐ̯sʌ]
inscrever-se (vr)	at indmelde sig	[ʌ ˈenlˌmɛlˀə sɑj]
professor (m)	lærer (f)	[ˈlɛːʌ]

tradução (processo)	oversættelse (f)	[ˈɒwʌˌsɛtəlsə]
tradução (texto)	oversættelse (f)	[ˈɒwʌˌsɛtəlsə]
tradutor (m)	oversætter (f)	[ˈɒwʌˌsɛtʌ]
intérprete (m)	tolk (f)	[ˈtʌlˀk]

| poliglota (m) | polyglot (f) | [polyˈglʌt] |
| memória (f) | hukommelse (f) | [huˈkʌmˀəlsə] |

REFEIÇÕES. RESTAURANTE

48. Por a mesa

colher (f)	ske (f)	['skeʔ]
faca (f)	kniv (f)	['kniwʔ]
garfo (m)	gaffel (f)	['gafəl]
chávena (f)	kop (f)	['kʌp]
prato (m)	tallerken (f)	[ta'læɐ̯kən]
pires (m)	underkop (f)	['ɔnʌˌkʌp]
guardanapo (m)	serviet (f)	[sæɐ̯vi'ɛt]
palito (m)	tandstikker (f)	['tanˌstekʌ]

49. Restaurante

restaurante (m)	restaurant (f)	[ʁɛsto'ʁɑŋ]
café (m)	cafe, kaffebar (f)	[ka'feʔ], ['kɑfəˌbɑʔ]
bar (m), cervejaria (f)	bar (f)	['bɑʔ]
salão (m) de chá	tesalon (f)	['teʔsa'lʌŋ]
empregado (m) de mesa	tjener (f)	['tjɛːnʌ]
empregada (f) de mesa	servitrice (f)	[sæɐ̯vi'tʁiːsə]
barman (m)	bartender (f)	['bɑːˌtɛndʌ]
ementa (f)	menu (f)	[me'ny]
lista (f) de vinhos	vinkort (i)	['viːnˌkɔːt]
reservar uma mesa	at bestille et bord	[ʌ be'stelʔə ed 'boʔɐ̯]
prato (m)	ret (f)	['ʁat]
pedir (vt)	at bestille	[ʌ be'stelʔə]
fazer o pedido	at bestille	[ʌ be'stelʔə]
aperitivo (m)	aperitif (f)	[apeɐ̯i'tif]
entrada (f)	forret (f)	['foːʁat]
sobremesa (f)	dessert (f)	[de'sɛɐ̯ʔt]
conta (f)	regning (f)	['ʁɑjneŋ]
pagar a conta	at betale regningen	[ʌ be'tæʔlə 'ʁɑjneŋən]
dar o troco	at give tilbage	[ʌ 'giʔ te'bæːjə]
gorjeta (f)	drikkepenge (pl)	['dʁɛkəˌpɛŋə]

50. Refeições

comida (f)	mad (f)	['mað]
comer (vt)	at spise	[ʌ 'spiːsə]

pequeno-almoço (m)	morgenmad (f)	['mɒ:ɒn,mað]
tomar o pequeno-almoço	at spise morgenmad	[ʌ 'spi:sə 'mɒ:ɒn,mað]
almoço (m)	frokost (f)	['fʁɔkʌst]
almoçar (vi)	at spise frokost	[ʌ 'spi:sə 'fʁɔkʌst]
jantar (m)	aftensmad (f)	['ɑftəns,mað]
jantar (vi)	at spise aftensmad	[ʌ 'spi:sə 'ɑftəns,mað]

apetite (m)	appetit (f)	[ɑpə'tit]
Bom apetite!	Velbekomme!	['vɛlbə'kʌm'ə]

abrir (~ uma lata, etc.)	at åbne	[ʌ 'ɔ:bnə]
derramar (vt)	at spilde	[ʌ 'spilə]
derramar-se (vr)	at spildes ud	[ʌ 'spiləs uð']

ferver (vi)	at koge	[ʌ 'kɔ:wə]
ferver (vt)	at koge	[ʌ 'kɔ:wə]
fervido	kogt	['kʌgt]
arrefecer (vt)	at afkøle	[ʌ 'ɑw,kø'lə]
arrefecer-se (vr)	at afkøles	[ʌ 'ɑw,kø'ləs]

sabor, gosto (m)	smag (f)	['smæ'j]
gostinho (m)	bismag (f)	['bismæ'j]

fazer dieta	at være på diæt	[ʌ 'vɛ:ʌ pɔ' di'ɛ't]
dieta (f)	diæt (f)	[di'ɛ't]
vitamina (f)	vitamin (i)	[vita'mi'n]
caloria (f)	kalorie (f)	[ka'loɐ'jə]
vegetariano (m)	vegetar, vegetarianer (f)	[vegə'ta'], [vegətai'æ'nʌ]
vegetariano	vegetarisk	[vegə'ta'isk]

gorduras (f pl)	fedt (i)	['fet]
proteínas (f pl)	proteiner (i pl)	[pʁotə'i'nʌ]
carboidratos (m pl)	kulhydrater (i pl)	['kɔlhy,dʁɑ'dʌ]
fatia (~ de limão, etc.)	skive (f)	['ski:və]
pedaço (~ de bolo)	stykke (i)	['støkə]
migalha (f)	krumme (f)	['kʁɔmə]

51. Pratos cozinhados

prato (m)	ret (f)	['ʁat]
cozinha (~ portuguesa)	køkken (i)	['køkən]
receita (f)	opskrift (f)	['ʌp,skʁɛft]
porção (f)	portion (f)	[pɒ'ço'n]

salada (f)	salat (f)	[sa'læ't]
sopa (f)	suppe (f)	['sɔpə]

caldo (m)	bouillon (f)	[bul'jʌn]
sandes (f)	smørrebrød (i)	['smœɐʌ,bʁœð']
ovos (m pl) estrelados	spejlæg (i)	['spɑjl,ɛ'g]

hambúrguer (m)	hamburger (f)	['hæ:m,bœ:gʌ]
bife (m)	bøf (f)	['bøf]
conduto (m)	tilbehør (i)	['telbe,hø'ɐ]

espaguete (m)	spaghetti (f)	[spa'gɛti]
puré (m) de batata	kartoffelmos (f)	[ka'tʌfəl,mɔs]
pizza (f)	pizza (f)	['pidsa]
papa (f)	grød (f)	['gʁœð']
omelete (f)	omelet (f)	[omə'lɛt]

cozido em água	kogt	['kʌgt]
fumado	røget	['ʁʌjəð]
frito	stegt	['stɛgt]
seco	tørret	['tœʁʌð]
congelado	frossen	['fʁɔsən]
em conserva	syltet	['syltəð]

doce (açucarado)	sød	['søð']
salgado	saltet	['saltəð]
frio	kold	['kʌl']
quente	hed, varm	['heð'], ['vɑ'm]
amargo	bitter	['betʌ]
gostoso	lækker	['lɛkʌ]

cozinhar (em água a ferver)	at koge	[ʌ 'kɔ:wə]
fazer, preparar (vt)	at lave	[ʌ 'læ:və]
fritar (vt)	at stege	[ʌ 'stajə]
aquecer (vt)	at varme op	[ʌ 'vɑ:mə ʌp]

salgar (vt)	at salte	[ʌ 'saltə]
apimentar (vt)	at pebre	[ʌ 'pewʁʌ]
ralar (vt)	at rive	[ʌ 'ʁi:və]
casca (f)	skal, skræl (f)	['skal'], ['skʁal']
descascar (vt)	at skrælle	[ʌ 'skʁalə]

52. Comida

carne (f)	kød (i)	['køð]
galinha (f)	høne (f)	['hœ:nə]
frango (m)	kylling (f)	['kyleŋ]
pato (m)	and (f)	['an']
ganso (m)	gås (f)	['gɔ's]
caça (f)	vildt (i)	['vil't]
peru (m)	kalkun (f)	[kal'ku'n]

carne (f) de porco	flæsk (i)	['flɛsk]
carne (f) de vitela	kalvekød (i)	['kalvə,køð]
carne (f) de carneiro	lammekød (i)	['lamə,køð]
carne (f) de vaca	oksekød (i)	['ʌksə,køð]
carne (f) de coelho	kanin (f)	[ka'ni'n]

chouriço, salsichão (m)	pølse (f)	['pølsə]
salsicha (f)	wienerpølse (f)	['vi'nʌ,pølsə]
bacon (m)	bacon (i, f)	['bɛjkʌn]
fiambre (f)	skinke (f)	['skeŋkə]
presunto (m)	skinke (f)	['skeŋkə]
patê (m)	pate, paté (f)	[pa'te]
fígado (m)	lever (f)	['lew'ʌ]

carne (f) moída	kødfars (f)	['køðˌfɑ''s]
língua (f)	tunge (f)	['tɔŋə]

ovo (m)	æg (i)	['ɛ'g]
ovos (m pl)	æg (i pl)	['ɛ'g]
clara (f) do ovo	hvide (f)	['vi:ðə]
gema (f) do ovo	blomme (f)	['blʌmə]

peixe (m)	fisk (f)	['fesk]
mariscos (m pl)	fisk og skaldyr	[fesk 'ɒw 'skaldyɐ̯']
crustáceos (m pl)	krebsdyr (i pl)	['kʁabsˌdyɐ̯']
caviar (m)	kaviar (f)	['kaviˌɑ']

caranguejo (m)	krabbe (f)	['kʁabə]
camarão (m)	reje (f)	['ʁɑjə]
ostra (f)	østers (f)	['østʌs]
lagosta (f)	languster (f)	[laŋ'gustʌ]
polvo (m)	blæksprutte (f)	['blɛkˌspʁutə]
lula (f)	blæksprutte (f)	['blɛkˌspʁutə]

esturjão (m)	stør (f)	['stø'ɐ̯]
salmão (m)	laks (f)	['lɑks]
halibute (m)	helleflynder (f)	['hɛləˌflønʌ]

bacalhau (m)	torsk (f)	['tɔ:sk]
cavala, sarda (f)	makrel (f)	[mɑ'kʁal']
atum (m)	tunfisk (f)	['tu:nˌfesk]
enguia (f)	ål (f)	['ɔ'l]

truta (f)	ørred (f)	['œɐ̯ʌð]
sardinha (f)	sardin (f)	[sɑ'di'n]
lúcio (m)	gedde (f)	['geðə]
arenque (m)	sild (f)	['sil']

pão (m)	brød (i)	['bʁœð']
queijo (m)	ost (f)	['ɔst]
açúcar (m)	sukker (i)	['sɔkʌ]
sal (m)	salt (i)	['sal't]

arroz (m)	ris (f)	['ʁi's]
massas (f pl)	pasta (f)	['pasta]
talharim (m)	nudler (f pl)	['nuð'lʌ]

manteiga (f)	smør (i)	['smœɐ̯]
óleo (m) vegetal	vegetabilsk olie (f)	[vegəta'bi'lsk 'oljə]
óleo (m) de girassol	solsikkeolie (f)	['so:lˌsekə ˌoljə]
margarina (f)	margarine (f)	[mɑgɑ'ʁi:nə]

azeitonas (f pl)	oliven (f pl)	[o'li'vən]
azeite (m)	olivenolie (f)	[o'li'vənˌoljə]

leite (m)	mælk (f)	['mɛl'k]
leite (m) condensado	kondenseret mælk (f)	[kʌnden'se'ʌð mɛl'k]
iogurte (m)	yoghurt (f)	['joˌguɐ̯'t]
nata (f) azeda	cremefraiche, syrnet fløde (f)	[kʁɛ:m'fʁɛ:ɕ], ['syɐ̯nəð 'flø:ðə]

nata (f) do leite	fløde (f)	['flø:ðə]
maionese (f)	mayonnaise (f)	[majo'nɛ:s]
creme (m)	creme (f)	['kʁɛʔm]
grãos (m pl) de cereais	gryn (i)	['gʁyʔn]
farinha (f)	mel (i)	['meʔl]
enlatados (m pl)	konserves (f)	[kɔn'sæɐ̯vəs]
flocos (m pl) de milho	cornflakes (pl)	['koɐ̯n‚flɛks]
mel (m)	honning (f)	['hʌneŋ]
doce (m)	syltetøj (i)	['syltə‚tʌj]
pastilha (f) elástica	tyggegummi (i)	['tygə‚gomi]

53. Bebidas

água (f)	vand (i)	['vanʔ]
água (f) potável	drikkevand (i)	['dʁɛkə‚vanʔ]
água (f) mineral	mineralvand (i)	[minə'ʁɑl‚vanʔ]
sem gás	uden brus	['uðən 'bʁuʔs]
gaseificada	med kulsyre	[mɛ 'bʁuʔs]
com gás	med brus	[mɛ 'bʁuʔs]
gelo (m)	is (f)	['iʔs]
com gelo	med is	[mɛ 'iʔs]
sem álcool	alkoholfri	['alkohʌl‚fʁiʔ]
bebida (f) sem álcool	alkoholfri drik (f)	['alkohʌl‚fʁiʔ 'dʁɛk]
refresco (m)	læskedrik (f)	['lɛskə‚dʁɛk]
limonada (f)	limonade (f)	[limo'næ:ðə]
bebidas (f pl) alcoólicas	alkoholiske drikke (f pl)	[alko'hoʔliskə 'dʁɛkə]
vinho (m)	vin (f)	['viʔn]
vinho (m) branco	hvidvin (f)	['við‚viʔn]
vinho (m) tinto	rødvin (f)	['ʁœð‚viʔn]
licor (m)	likør (f)	[li'køʔɐ̯]
champanhe (m)	champagne (f)	[ɕɑm'panjə]
vermute (m)	vermouth (f)	['væɐ̯mut]
uísque (m)	whisky (f)	['wiski]
vodka (f)	vodka (f)	['vʌdka]
gim (m)	gin (f)	['djen]
conhaque (m)	cognac, konjak (f)	['kʌnʔjag]
rum (m)	rom (f)	['ʁʌmʔ]
café (m)	kaffe (f)	['kɑfə]
café (m) puro	sort kaffe (f)	['soɐ̯t 'kɑfə]
café (m) com leite	kaffe (f) med mælk	['kɑfə mɛ 'mɛlʔk]
cappuccino (m)	cappuccino (f)	[kapu'tji:no]
café (m) solúvel	pulverkaffe (f)	['pʌlvʌ‚kɑfə]
leite (m)	mælk (f)	['mɛlʔk]
coquetel (m)	cocktail (f)	['kʌk‚tɛjl]
batido (m) de leite	milkshake (f)	['milk‚ɕɛjk]

sumo (m)	juice (f)	['dʒu:s]
sumo (m) de tomate	tomatjuice (f)	[to'mæːt,dʒu:s]
sumo (m) de laranja	appelsinjuice (f)	[apəl'si'n 'dʒu:s]
sumo (m) fresco	friskpresset juice (f)	['fʁɛsk,pʁasəð 'dʒu:s]
cerveja (f)	øl (i)	['øl]
cerveja (f) clara	lyst øl (i)	['lyst ,øl]
cerveja (f) preta	mørkt øl (i)	['mœɐ̯kt ,øl]
chá (m)	te (f)	['te']
chá (m) preto	sort te (f)	['soɐ̯t ,te']
chá (m) verde	grøn te (f)	['gʁœn' ,te']

54. Vegetais

legumes (m pl)	grøntsager (pl)	['gʁœnt,sæ'jʌ]
verduras (f pl)	grønt (i)	['gʁœn't]
tomate (m)	tomat (f)	[to'mæ't]
pepino (m)	agurk (f)	[a'guɐ̯k]
cenoura (f)	gulerod (f)	['gulə,ʁo'ð]
batata (f)	kartoffel (f)	[ka't∧fəl]
cebola (f)	løg (i)	['l∧j']
alho (m)	hvidløg (i)	['við,l∧j']
couve (f)	kål (f)	['kɔ'l]
couve-flor (f)	blomkål (f)	['bl∧m,kɔ'l]
couve-de-bruxelas (f)	rosenkål (f)	['ʁo:sən,kɔ'l]
brócolos (m pl)	broccoli (f)	['bʁ∧koli]
beterraba (f)	rødbede (f)	[ʁœð'beːðə]
beringela (f)	aubergine (f)	[obæɡ'ɕi:n]
curgete (f)	squash, zucchini (f)	['sgw∧ɕ], [su'ki:ni]
abóbora (f)	græskar (i)	['gʁaska]
nabo (m)	majroe (f)	['maj,ʁo:ə]
salsa (f)	persille (f)	[pæɡ'selə]
funcho, endro (m)	dild (f)	['dil']
alface (f)	salat (f)	[sa'læ't]
aipo (m)	selleri (f)	['sel∧,ʁi']
espargo (m)	asparges (f)	[a'spɑ's]
espinafre (m)	spinat (f)	[spi'næ't]
ervilha (f)	ærter (f pl)	['æɡ'tʌ]
fava (f)	bønner (f pl)	['bœn∧]
milho (m)	majs (f)	['maj's]
feijão (m)	bønne (f)	['bœnə]
pimentão (m)	peber (i, f)	['pew∧]
rabanete (m)	radiser (f pl)	[ʁa'disə]
alcachofra (f)	artiskok (f)	[,ɑːti'sk∧k]

55. Frutos. Nozes

fruta (f)	frugt (f)	['fʁɔgt]
maçã (f)	æble (i)	['ɛ'blə]
pera (f)	pære (f)	['pɛ'ʌ]
limão (m)	citron (f)	[si'tʁo'n]
laranja (f)	appelsin (f)	[apəl'si'n]
morango (m)	jordbær (i)	['joʁ‚bæɡ]

tangerina (f)	mandarin (f)	[mandɑ'ʁi'n]
ameixa (f)	blomme (f)	['blʌmə]
pêssego (m)	fersken (f)	['fæɡskən]
damasco (m)	abrikos (f)	[abʁi'ko's]
framboesa (f)	hindbær (i)	['hen‚bæɡ]
ananás (m)	ananas (f)	['ananas]

banana (f)	banan (f)	[ba'næ'n]
melancia (f)	vandmelon (f)	['van me'lo'n]
uva (f)	drue (f)	['dʁu:ə]
ginja (f)	kirsebær (i)	['kiɡsə‚bæɡ]
cereja (f)	morel (f)	[mo'ʁal']
meloa (f)	melon (f)	[me'lo'n]

toranja (f)	grapefrugt (f)	['gʁɛjp‚fʁɔgt]
abacate (m)	avokado (f)	[avo'kæ:do]
papaia (f)	papaja (f)	[pa'pɑja]
manga (f)	mango (f)	['mɑngo]
romã (f)	granatæble (i)	[gʁɑ'næ'tˌɛ:blə]

groselha (f) vermelha	ribs (i, f)	['ʁɛbs]
groselha (f) preta	solbær (i)	['so:l‚bæɡ]
groselha (f) espinhosa	stikkelsbær (i)	['stekəls‚bæɡ]
mirtilo (m)	blåbær (i)	['blɔ'‚bæɡ]
amora silvestre (f)	brombær (i)	['bʁɔm‚bæɡ]

uvas (f pl) passas	rosin (f)	[ʁo'si'n]
figo (m)	figen (f)	['fi:ən]
tâmara (f)	daddel (f)	['dað'əl]

amendoim (m)	jordnød (f)	['joʁ‚nøð']
amêndoa (f)	mandel (f)	['man'əl]
noz (f)	valnød (f)	['val‚nøð']
avelã (f)	hasselnød (f)	['hasəl‚nøð']
coco (m)	kokosnød (f)	['ko:kos‚nøð']
pistáchios (m pl)	pistacier (f pl)	[pi'stæ:ɕʌ]

56. Pão. Bolaria

pastelaria (f)	konditorvarer (f pl)	[kʌn'ditʌ‚vɑ:ɑ]
pão (m)	brød (i)	['bʁœð']
bolacha (f)	småkager (f pl)	['smʌ‚kæ:jʌ]
chocolate (m)	chokolade (f)	[ɕoko'læ:ðə]
de chocolate	chokolade-	[ɕoko'læ:ðə-]

rebuçado (m)	konfekt, karamel (f)	[kɔn'fɛkt], [kaa'mɛlˀ]
bolo (cupcake, etc.)	kage (f)	['kæ:jə]
bolo (m) de aniversário	lagkage (f)	['lawˌkæ:jə]

| tarte (~ de maçã) | pie (f) | ['pɑ:j] |
| recheio (m) | fyld (i, f) | ['fylˀ] |

doce (m)	syltetøj (i)	['syltəˌtʌj]
geleia (f) de frutas	marmelade (f)	[mɑmə'læ:ðə]
waffle (m)	vaffel (f)	['vɑfəl]
gelado (m)	is (f)	['iˀs]
pudim (m)	budding (f)	['buðeŋ]

57. Especiarias

sal (m)	salt (i)	['salˀt]
salgado	saltet	['saltəð]
salgar (vt)	at salte	[ʌ 'saltə]

pimenta (f) preta	sort peber (i, f)	['soɡt 'pewʌ]
pimenta (f) vermelha	rød peber (i, f)	['ʁœð 'pewʌ]
mostarda (f)	sennep (f)	['senʌp]
raiz-forte (f)	peberrod (f)	['pewʌˌʁoˀð]

condimento (m)	krydderi (i)	[kʁyðʌ'ʁiˀ]
especiaria (f)	krydderi (i)	[kʁyðʌ'ʁiˀ]
molho (m)	sovs, sauce (f)	['sɒw's]
vinagre (m)	eddike (f)	['ɛðikə]

anis (m)	anis (f)	['anis]
manjericão (m)	basilikum (f)	[ba'silˀikɔm]
cravo (m)	nellike (f)	['nelˀekə]
gengibre (m)	ingefær (f)	['eŋəˌfæɡ]
coentro (m)	koriander (f)	[kɒi'anˀdʌ]
canela (f)	kanel (i, f)	[ka'neˀl]

sésamo (m)	sesam (f)	['se:sam]
folhas (f pl) de louro	laurbærblad (i)	['lawʌbæɡˌblað]
páprica (f)	paprika (f)	['papʁika]
cominho (m)	kommen (f)	['kʌmən]
açafrão (m)	safran (i, f)	[sa'fʁaˀn]

INFORMAÇÃO PESSOAL. FAMÍLIA

58. Informação pessoal. Formulários

nome (m)	navn (i)	['nɑw'n]
apelido (m)	efternavn (i)	['ɛftʌ,nɑw'n]
data (f) de nascimento	fødselsdato (f)	['føsəls,dæ:to]
local (m) de nascimento	fødested (i)	['fø:ðə,stɛð]
nacionalidade (f)	nationalitet (f)	[naçonali'te't]
lugar (m) de residência	bopæl (i)	['bo,pɛ'l]
país (m)	land (i)	['lan']
profissão (f)	fag (i), profession (f)	['fæ'j], [pʁofə'ço'n]
sexo (m)	køn (i)	['kœn']
estatura (f)	højde (f)	['hʌj'də]
peso (m)	vægt (f)	['vɛgt]

59. Membros da família. Parentes

mãe (f)	mor (f), moder (f)	['moɡ], ['mo:ðʌ]
pai (m)	far (f), fader (f)	['fɑ:], ['fæ:ðʌ]
filho (m)	søn (f)	['sœn]
filha (f)	datter (f)	['datʌ]
filha (f) mais nova	yngste datter (f)	['øŋ'stə 'datʌ]
filho (m) mais novo	yngste søn (f)	['øŋ'stə 'sœn]
filha (f) mais velha	ældste datter (f)	['ɛl'stə 'datʌ]
filho (m) mais velho	ældste søn (f)	['ɛl'stə sœn]
irmão (m)	bror (f)	['bʁoɡ]
irmão (m) mais velho	storebror (f)	['stoɡ,bʁoɡ]
irmão (m) mais novo	lillebror (f)	['lilə,bʁoɡ]
irmã (f)	søster (f)	['søstʌ]
irmã (f) mais velha	storesøster (f)	['stoɡ,søstʌ]
irmã (f) mais nova	lillesøster (f)	['lilə,søstʌ]
primo (m)	fætter (f)	['fɛtʌ]
prima (f)	kusine (f)	[ku'si:nə]
mamã (f)	mor (f)	['moɡ]
papá (m)	papa, far (f)	['pɑpɑ], ['fɑ:]
pais (pl)	forældre (pl)	[fʌ'ɛl'dʁʌ]
criança (f)	barn (i)	['bɑ'n]
crianças (f pl)	børn (pl)	['bɶɡ'n]
avó (f)	bedstemor (f)	['bɛstə,moɡ]
avô (m)	bedstefar (f)	['bɛstə,fɑ:]
neto (m)	barnebarn (i)	['bɑ:nə,bɑ'n]

| neta (f) | barnebarn (i) | ['bɑ:nə‚bɑˀn] |
| netos (pl) | børnebørn (pl) | ['bœɐ̯nə‚bœɐ̯ˀn] |

tio (m)	onkel (f)	['ɔŋˀkəl]
tia (f)	tante (f)	['tantə]
sobrinho (m)	nevø (f)	[ne'vø]
sobrinha (f)	niece (f)	[ni'ɛ:sə]

sogra (f)	svigermor (f)	['sviˀʌ‚moɐ̯]
sogro (m)	svigerfar (f)	['sviˀʌ‚fɑ:]
genro (m)	svigersøn (f)	['sviˀʌ‚sœn]
madrasta (f)	stedmor (f)	['stɛð‚moɐ̯]
padrasto (m)	stedfar (f)	['stɛð‚fɑ:]

criança (f) de colo	spædbarn (i)	['spɛð‚bɑˀn]
bebé (m)	spædbarn (i)	['spɛð‚bɑˀn]
menino (m)	lille barn (i)	['lilə 'bɑˀn]

mulher (f)	kone (f)	['ko:nə]
marido (m)	mand (f)	['manˀ]
esposo (m)	ægtemand (f)	['ɛgtə‚manˀ]
esposa (f)	hustru (f)	['hustʁu]

casado	gift	['gift]
casada	gift	['gift]
solteiro	ugift	['u‚gift]
solteirão (m)	ungkarl (f)	['ɔŋ‚kæˀl]
divorciado	fraskilt	['fʁa‚skelˀt]
viúva (f)	enke (f)	['ɛŋkə]
viúvo (m)	enkemand (f)	['ɛŋkə‚manˀ]

parente (m)	slægtning (f)	['slɛgtneŋ]
parente (m) próximo	nær slægtning (f)	['nɛˀɐ̯ 'slɛgtneŋ]
parente (m) distante	fjern slægtning (f)	['fjæɐ̯ˀn 'slɛgtneŋ]
parentes (m pl)	slægtninge (pl)	['slɛgtneŋə]

órfão (m), órfã (f)	forældreløst barn (i)	[fʌ'ɛlˀdʁʌløːst bɑˀn]
tutor (m)	formynder (f)	['fɔ:‚mønˀʌ]
adotar (um filho)	at adoptere	[ʌ adʌp'teˀʌ]
adotar (uma filha)	at adoptere	[ʌ adʌp'teˀʌ]

60. Amigos. Colegas de trabalho

amigo (m)	ven (f)	['vɛn]
amiga (f)	veninde (f)	[vɛn'enə]
amizade (f)	venskab (i)	['vɛn‚skæˀb]
ser amigos	at være venner	[ʌ 'vɛ:ʌ 'vɛnʌ]

amigo (m)	ven (f)	['vɛn]
amiga (f)	veninde (f)	[vɛn'enə]
parceiro (m)	partner (f)	['pɑ:tnʌ]

| chefe (m) | chef (f) | ['ɕɛˀf] |
| superior (m) | overordnet (f) | ['ɒwʌ‚ɒˀdnəð] |

proprietário (m)	**ejer** (f)	['ajʌ]
subordinado (m)	**underordnet** (f)	['ɔnʌˌɒˀdnəð]
colega (m)	**kollega** (f)	[ko'le:ga]
conhecido (m)	**bekendt** (f)	[be'kɛnˀt]
companheiro (m) de viagem	**medrejsende** (f)	['mɛðˌʁajˀsənə]
colega (m) de classe	**klassekammerat** (f)	['klasə kɑmə'ʁɑ:t]
vizinho (m)	**nabo** (f)	['næ:bo]
vizinha (f)	**nabo** (f)	['næ:bo]
vizinhos (pl)	**naboer** (pl)	['næ:bo'ʌ]

CORPO HUMANO. MEDICINA

61. Cabeça

cabeça (f)	hoved (i)	['ho:əð]
cara (f)	ansigt (i)	['ansegt]
nariz (m)	næse (f)	['nɛ:sə]
boca (f)	mund (f)	['mɔnˀ]
olho (m)	øje (i)	['ʌjə]
olhos (m pl)	øjne (i pl)	['ʌjnə]
pupila (f)	pupil (f)	[pu'pilˀ]
sobrancelha (f)	øjenbryn (i)	['ʌjənˌbʁyˀn]
pestana (f)	øjenvippe (f)	['ʌjənˌvepə]
pálpebra (f)	øjenlåg (i)	['ʌjənˌlɔˀw]
língua (f)	tunge (f)	['tɔŋə]
dente (m)	tand (f)	['tanˀ]
lábios (m pl)	læber (f pl)	['lɛ:bʌ]
maçãs (f pl) do rosto	kindben (i pl)	['kenˌbeˀn]
gengiva (f)	tandkød (i)	['tanˌkøð]
palato (m)	gane (f)	['gæ:nə]
narinas (f pl)	næsebor (i pl)	['nɛ:səˌboˀɐ̯]
queixo (m)	hage (f)	['hæ:jə]
mandíbula (f)	kæbe (f)	['kɛ:bə]
bochecha (f)	kind (f)	['kenˀ]
testa (f)	pande (f)	['panə]
têmpora (f)	tinding (f)	['teneŋ]
orelha (f)	øre (i)	['ø:ʌ]
nuca (f)	nakke (f)	['nɑkə]
pescoço (m)	hals (f)	['halˀs]
garganta (f)	strube, hals (f)	['stʁu:bə], ['halˀs]
cabelos (m pl)	hår (i pl)	['hɔˀ]
penteado (m)	frisure (f)	[fʁi'sy'ʌ]
corte (m) de cabelo	klipning (f)	['klepneŋ]
peruca (f)	paryk (f)	[pɑ'ʁœk]
bigode (m)	moustache (f)	[mu'stæ:ɕ]
barba (f)	skæg (i)	['skɛˀg]
usar, ter (~ barba, etc.)	at have	[ʌ 'hæ:və]
trança (f)	fletning (f)	['flɛtneŋ]
suíças (f pl)	bakkenbart (f)	['bɑkənˌbɑˀt]
ruivo	rødhåret	['ʁœðˌhɔˀɒð]
grisalho	grå	['gʁɔˀ]
calvo	skaldet	['skaləð]
calva (f)	skaldet plet (f)	['skaləðˌplɛt]

rabo-de-cavalo (m)	hestehale (f)	['hɛstə̩hæ:lə]
franja (f)	pandehår (i)	['panə̩hɒ']

62. Corpo humano

mão (f)	hånd (f)	['hʌn']
braço (m)	arm (f)	['ɑ'm]

dedo (m)	finger (f)	['feŋ'ʌ]
dedo (m) do pé	tå (f)	['tɔ']
polegar (m)	tommel (f)	['tʌməl]
dedo (m) mindinho	lillefinger (f)	['lilə̩feŋ'ʌ]
unha (f)	negl (f)	['nɑj'l]

punho (m)	knytnæve (f)	['knyt̩nɛ:və]
palma (f) da mão	håndflade (f)	['hʌn̩flæ:ðə]
pulso (m)	håndled (i)	['hʌn̩leð]
antebraço (m)	underarm (f)	['ɔnʌɑ:m]
cotovelo (m)	albue (f)	['al̩bu:ə]
ombro (m)	skulder (f)	['skulʌ]

perna (f)	ben (i)	['be'n]
pé (m)	fod (f)	['fo'ð]
joelho (m)	knæ (i)	['knɛ']
barriga (f) da perna	læg (f)	['lɛ'g]
anca (f)	hofte (f)	['hʌftə]
calcanhar (m)	hæl (f)	['hɛ'l]

corpo (m)	krop (f)	['kʁʌp]
barriga (f)	mave (f)	['mæ:və]
peito (m)	bryst (i)	['bʁœst]
seio (m)	bryst (i)	['bʁœst]
lado (m)	side (f)	['si:ðə]
costas (f pl)	ryg (f)	['ʁœg]
região (f) lombar	lænderyg (f)	['lɛnə̩ʁœg]
cintura (f)	midje, talje (f)	['miðjə], ['taljə]

umbigo (m)	navle (f)	['nɑwlə]
nádegas (f pl)	baller, balder (f pl)	['balʌ]
traseiro (m)	bag (f)	['bæ'j]

sinal (m)	skønhedsplet (f)	['skœnheðs̩plɛt]
sinal (m) de nascença	modermærke (i)	['mo:ðʌ'mæɐ̯kə]
tatuagem (f)	tatovering (f)	[tato've'ɐ̯eŋ]
cicatriz (f)	ar (i)	['ɑ']

63. Doenças

doença (f)	sygdom (f)	['sy:̩dʌm']
estar doente	at være syg	[ʌ 'vɛ:ʌ sy']
saúde (f)	helse, sundhed (f)	['hɛlsə], ['sɔn̩heð']
nariz (m) a escorrer	snue (f)	['snu:ə]

amigdalite (f)	angina (f)	[aŋ'gi:na]
constipação (f)	forkølelse (f)	[fʌ'kø'lǝlsǝ]
constipar-se (vr)	at blive forkølet	[ʌ 'bli:ǝ fʌ'kø'lǝð]
bronquite (f)	bronkitis (f)	[bʁʌŋ'kitis]
pneumonia (f)	lungebetændelse (f)	['lɔŋǝ be'tɛn'ǝlsǝ]
gripe (f)	influenza (f)	[enflu'ɛnsa]
míope	nærsynet	['næɡ‚sy'nǝð]
presbita	langsynet	['laŋ‚sy'nǝð]
estrabismo (m)	skeløjethed (f)	['skel‚ʌjǝð‚heð']
estrábico	skeløjet	['skel‚ʌj'ǝð]
catarata (f)	grå stær (f)	['gʁɔ' 'stɛ'ɡ]
glaucoma (m)	glaukom (i), grøn stær (f)	[glɑw'ko'm], ['gʁœn' 'stɛ'ɡ]
AVC (m), apoplexia (f)	hjerneblødning (f)	['jæɡnǝ‚bløðnen]
ataque (m) cardíaco	infarkt (i, f)	[en'fa:kt]
enfarte (m) do miocárdio	hjerteinfarkt (i, f)	['jæɡtǝ en'fa:kt]
paralisia (f)	lammelse (f)	['lamǝlsǝ]
paralisar (vt)	at lamme, at paralysere	[ʌ 'lamǝ], [ʌ paɑly'se'ʌ]
alergia (f)	allergi (f)	[alæɡ'gi']
asma (f)	astma (f)	['astma]
diabetes (f)	diabetes (f)	[dia'be:tǝs]
dor (f) de dentes	tandpine (f)	['tan‚pi:nǝ]
cárie (f)	caries, karies (f)	['kɑ'iǝs]
diarreia (f)	diarre (f)	[dia'ʁɛ]
prisão (f) de ventre	forstoppelse (f)	[fʌ'stʌpǝlsǝ]
desarranjo (m) intestinal	mavebesvær (i)	['mæ:vǝ‚be'svɛ'ɡ]
intoxicação (f) alimentar	madforgiftning (f)	['maðfʌ‚giftnen]
intoxicar-se	at få madforgiftning	[ʌ 'fɔ' 'maðfʌ‚giftǝ']
artrite (f)	artritis (f)	[ɑ'tʁitis]
raquitismo (m)	rakitis (f)	[ʁa'kitis]
reumatismo (m)	reumatisme (f)	[ʁʌjma'tismǝ]
arteriosclerose (f)	arterieforkalkning (f)	[ɑ'te'ɡiǝ fʌ'kal'knen]
gastrite (f)	gastritis (f)	[ga'stʁitis]
apendicite (f)	appendicit (f)	[apɛndi'sit]
colecistite (f)	galdeblærebetændelse (f)	['galǝ‚blɛ:ʌ be'tɛn'ǝlsǝ]
úlcera (f)	mavesår (i)	['mæ:vǝ‚sɒ']
sarampo (m)	mæslinger (pl)	['mɛs‚leŋ'ʌ]
rubéola (f)	røde hunde (f)	['ʁœ:ðǝ 'hunǝ]
iterícia (f)	gulsot (f)	['gul‚so't]
hepatite (f)	hepatitis (f)	[hepa'titis]
esquizofrenia (f)	skizofreni (f)	[skidsofʁɛ'ni']
raiva (f)	rabies (f)	['ʁa'bjɛs]
neurose (f)	neurose (f)	[nœw'ʁo:sǝ]
comoção (f) cerebral	hjernerystelse (f)	['jæɡnǝ‚ʁœstǝlsǝ]
cancro (m)	kræft (f), cancer (f)	['kʁaft], ['kan'sʌ]
esclerose (f)	sklerose (f)	[sklǝ'ʁo:sǝ]

esclerose (f) múltipla	multipel sklerose (f)	[mul'ti'pəl sklə'ʁo:sə]
alcoolismo (m)	alkoholisme (f)	[alkoho'lismə]
alcoólico (m)	alkoholiker (f)	[alko'ho'likʌ]
sífilis (f)	syfilis (f)	['syfilis]
SIDA (f)	AIDS (f)	['ɛjds]

tumor (m)	svulst, tumor (f)	['svul'st], ['tu:mɒ]
maligno	ondartet, malign	['ɔn,a'dəð], [ma'li'n]
benigno	godartet, benign	['goð,a'təð], [be'ni'n]
febre (f)	feber (f)	['fe'bʌ]
malária (f)	malaria (f)	[ma'la'ia]
gangrena (f)	koldbrand (f)	['kʌl,bʁɑn']
enjoo (m)	søsyge (f)	['sø,sy:ə]
epilepsia (f)	epilepsi (f)	[epilɛp'si']

epidemia (f)	epidemi (f)	[epedə'mi']
tifo (m)	tyfus (f)	['tyfus]
tuberculose (f)	tuberkulose (f)	[tubæɐ̯ku'lo:sə]
cólera (f)	kolera (f)	['ko'leʁa]
peste (f)	pest (f)	['pɛst]

64. Sintomas. Tratamentos. Parte 1

sintoma (m)	symptom (i)	[sym'to'm]
temperatura (f)	temperatur (f)	[tɛmpʁa'tuɐ̯']
febre (f)	høj temperatur, feber (f)	['hʌj tɛmpʁa'tuɐ̯'], ['fe'bʌ]
pulso (m)	puls (f)	['pul's]

vertigem (f)	svimmelhed (f)	['svem'əl,heð']
quente (testa, etc.)	varm	['va'm]
calafrio (m)	gysen (f)	['gy:sən]
pálido	bleg	['blɑj']

tosse (f)	hoste (f)	['ho:stə]
tossir (vi)	at hoste	[ʌ 'ho:stə]
espirrar (vi)	at nyse	[ʌ 'ny:sə]
desmaio (m)	besvimelse (f)	[be'svi'məlsə]
desmaiar (vi)	at besvime	[ʌ be'svi'mə]

nódoa (f) negra	blåt mærke (i)	['blʌt 'mæɐ̯kə]
galo (m)	bule (f)	['bu:lə]
magoar-se (vr)	at slå sig	[ʌ 'slɔ' saj]
pisadura (f)	blåt mærke (i)	['blʌt 'mæɐ̯kə]
aleijar-se (vr)	at støde sig	[ʌ 'sdø:ðə saj]

coxear (vi)	at halte	[ʌ 'haltə]
deslocação (f)	forvridning (f)	[fʌ'vʁið'nen]
deslocar (vt)	at forvride	[ʌ fʌ'vʁið'ə]
fratura (f)	brud (i), fraktur (f)	['bʁuð], [fʁak'tuɐ̯']
fraturar (vt)	at få et brud	[ʌ 'fɔ' ed 'bʁuð]

corte (m)	snitsår (i)	['snit,sɒ']
cortar-se (vr)	at skære sig	[ʌ 'skɛ:ʌ saj]
hemorragia (f)	blødning (f)	['bløðnen]

queimadura (f)	brandsår (i)	['bʁanˌsɒˀ]
queimar-se (vr)	at brænde sig	[ʌ 'bʁanə saj]
picar (vt)	at stikke	[ʌ 'stekə]
picar-se (vr)	at stikke sig	[ʌ 'stekə saj]
lesionar (vt)	at skade	[ʌ 'skæːðə]
lesão (m)	skade (f)	['skæːðə]
ferida (f), ferimento (m)	sår (i)	['sɒˀ]
trauma (m)	traume, trauma (i)	['tʁawmə], ['tʁawma]
delirar (vi)	at tale i vildelse	[ʌ 'tæːlə i 'vilelsə]
gaguejar (vi)	at stamme	[ʌ 'stamə]
insolação (f)	solstik (i)	['soːlˌstek]

65. Sintomas. Tratamentos. Parte 2

dor (f)	smerte (f)	['smæɐ̯tə]
farpa (no dedo)	splint (f)	['splenˀt]
suor (m)	sved (f)	['sveð̩ˀ]
suar (vi)	at svede	[ʌ 'sveːðə]
vómito (m)	opkastning (f)	['ʌpˌkastneŋ]
convulsões (f pl)	kramper (f pl)	['kʁampʌ]
grávida	gravid	[gʁaˈviðˀ]
nascer (vi)	at fødes	[ʌ 'føːðəs]
parto (m)	fødsel (f)	['føsəl]
dar à luz	at føde	[ʌ 'føːðə]
aborto (m)	abort (f)	[aˈbɒˀt]
respiração (f)	åndedræt (i)	['ʌnəˌdʁat]
inspiração (f)	indånding (f)	['enˌʌnˀen]
expiração (f)	udånding (f)	['uðˌʌnˀen]
expirar (vi)	at ånde ud	[ʌ 'ʌnə uð]
inspirar (vi)	at ånde ind	[ʌ 'ʌnə enˀ]
inválido (m)	handikappet person (f)	['handiˌkapəð pæɡ̊'soˀn]
aleijado (m)	krøbling (f)	['kʁœblen]
toxicodependente (m)	narkoman (f)	[nakoˈmæˀn]
surdo	døv	['døˀw]
mudo	stum	['stɔmˀ]
surdo-mudo	døvstum	['døwˌstɔmˀ]
louco (adj.)	gal, sindssyg	['gæˀl], ['senˀˌsyˀ]
louco (m)	gal mand (f)	['gæˀl 'manˀ]
louca (f)	gal kvinde (f)	['gæˀl 'kvenə]
ficar louco	at blive sindssyg	[ʌ 'bliːə 'senˀˌsyˀ]
gene (m)	gen (i)	['geˀn]
imunidade (f)	immunitet (f)	[imuniˈteˀt]
hereditário	arvelig	['ɑːvəli]
congénito	medfødt	['mɛðˌføˀt]
vírus (m)	virus (i, f)	['viːʁus]

micróbio (m)	mikrobe (f)	[mi'kʁo:bə]
bactéria (f)	bakterie (f)	[bak'teɐ̯ˀiə]
infeção (f)	infektion (f)	[enfɛk'ɕoˀn]

66. Sintomas. Tratamentos. Parte 3

hospital (m)	sygehus (i)	['sy:əˌhuˀs]
paciente (m)	patient (f)	[pa'ɕɛnˀt]
diagnóstico (m)	diagnose (f)	[dia'gno:sə]
cura (f)	kur, behandling (f)	['kuɐ̯ˀ], [be'hanˀleŋ]
tratamento (m) médico	behandling (f)	[be'hanˀleŋ]
curar-se (vr)	at blive behandlet	[ʌ 'bli:ə be'hanˀləð]
tratar (vt)	at behandle	[ʌ be'hanˀlə]
cuidar (pessoa)	at pleje	[ʌ 'plɑjə]
cuidados (m pl)	pleje (f)	['plɑjə]
operação (f)	operation (f)	[opəʁɑ'ɕoˀn]
enfaixar (vt)	at forbinde	[ʌ fʌ'benˀə]
enfaixamento (m)	forbinding (f)	[fʌ'benˀeŋ]
vacinação (f)	vaccination (f)	[vɑgsina'ɕoˀn]
vacinar (vt)	at vaccinere	[ʌ vaksi'ne'ʌ]
injeção (f)	injektion (f)	[enjɛk'ɕoˀn]
dar uma injeção	at give en sprøjte	[ʌ 'giˀ en 'spʁʌjtə]
ataque (~ de asma, etc.)	anfald (i)	['anˌfalˀ]
amputação (f)	amputation (f)	[ɑmputa'ɕoˀn]
amputar (vt)	at amputere	[ʌ ɑmpu'te'ʌ]
coma (f)	koma (f)	['ko:ma]
estar em coma	at ligge i koma	[ʌ 'legə i 'ko:ma]
reanimação (f)	intensivafdeling (f)	['entənˌsiwˀ 'ɑwˌde'leŋ]
recuperar-se (vr)	at blive rask	[ʌ 'bli:ə 'ʁɑsk]
estado (~ de saúde)	tilstand (f)	['telˌstanˀ]
consciência (f)	bevidsthed (f)	[be'vestˌheðˀ]
memória (f)	hukommelse (f)	[hu'kʌmˀəlsə]
tirar (vt)	at trække ud	[ʌ 'tʁakə uðˀ]
chumbo (m), obturação (f)	plombe (f)	['plombə]
chumbar, obturar (vt)	at plombere	[ʌ plɔm'be'ʌ]
hipnose (f)	hypnose (f)	[hyp'no:sə]
hipnotizar (vt)	at hypnotisere	[ʌ hypnoti'se'ʌ]

67. Medicina. Drogas. Acessórios

medicamento (m)	medicin (f)	[medi'siˀn]
remédio (m)	middel (i)	['miðˀəl]
receitar (vt)	at ordinere	[ʌ ʊdi'ne'ʌ]
receita (f)	recept (f)	[ʁɛ'sɛpt]
comprimido (m)	tablet (f), pille (f)	[tɑb'lɛt], ['pelə]

pomada (f)	**salve** (f)	['salvǝ]
ampola (f)	**ampul** (f)	[ɑm'pulʔ]
preparado (m)	**mikstur** (f)	[meks'tuɐ̯ʔ]
xarope (m)	**sirup** (f)	['siʔʁɔp]
cápsula (f)	**pille** (f)	['pelǝ]
remédio (m) em pó	**pulver** (i)	['pɔlʔvʌ]
ligadura (f)	**gazebind** (i)	['gæːsǝˌbenʔ]
algodão (m)	**vat** (i)	['vat]
iodo (m)	**jod** (i, f)	['joʔð]
penso (m) rápido	**plaster** (i)	['plastʌ]
conta-gotas (m)	**pipette** (f)	[pi'pɛtǝ]
termómetro (m)	**termometer** (i)	[tæɐ̯mo'meʔtʌ]
seringa (f)	**sprøjte** (f)	['spʁʌjtǝ]
cadeira (f) de rodas	**kørestol** (f)	['køːʌˌstoʔl]
muletas (f pl)	**krykker** (f pl)	['kʁœkǝ]
analgésico (m)	**smertestillende medicin** (i)	['smæɐ̯dǝˌstelǝnǝ medi'siʔn]
laxante (m)	**laksativ** (i)	[lɑksa'tiwʔ]
álcool (m) etílico	**sprit** (f)	['spʁit]
ervas (f pl) medicinais	**lægeurter** (f pl)	['lɛːjǝˌuɐ̯ʔtʌ]
de ervas (chá ~)	**urte-**	['uɐ̯tǝ-]

APARTAMENTO

68. Apartamento

apartamento (m)	lejlighed (f)	['lɑjliˌheð']
quarto (m)	rum, værelse (i)	['ʁɔm'], ['væɐ̯ʌlsə]
quarto (m) de dormir	soveværelse (i)	['sɒwəˌvæɐ̯ʌlsə]
sala (f) de jantar	spisestue (f)	['spiːsəˌstuːə]
sala (f) de estar	dagligstue (f)	['dɑwliˌstuːə]
escritório (m)	arbejdsværelse (i)	['ɑːbɑjdsˌvæɐ̯ʌlsə]
antessala (f)	entre (f), forstue (f)	[ɑŋ'tʁɛ], ['fɔˌstuːə]
quarto (m) de banho	badeværelse (i)	['bæːðəˌvæɐ̯ʌlsə]
toilette (lavabo)	toilet (i)	[toa'lɛt]
teto (m)	loft (i)	['lʌft]
chão, soalho (m)	gulv (i)	['gɔl]
canto (m)	hjørne (i)	['jœɐ̯'nə]

69. Mobiliário. Interior

mobiliário (m)	møbler (pl)	['møˀblʌ]
mesa (f)	bord (i)	['boˀɐ̯]
cadeira (f)	stol (f)	['stoˀl]
cama (f)	seng (f)	['sɛŋˀ]
divã (m)	sofa (f)	['soːfa]
cadeirão (m)	lænestol (f)	['lɛːnəˌstoˀl]
estante (f)	bogskab (i)	['bɔwˌskæːb]
prateleira (f)	hylde (f)	['hylə]
guarda-vestidos (m)	klædeskab (i)	['klɛːðəˌskæˀb]
cabide (m) de parede	knagerække (f)	['knæːjəˌʁakə]
cabide (m) de pé	stumtjener (f)	['stɔmˌtjɛːnʌ]
cómoda (f)	kommode (f)	[ko'moːðə]
mesinha (f) de centro	sofabord (i)	['soːfaˌboˀɐ̯]
espelho (m)	spejl (i)	['spɑjˀl]
tapete (m)	tæppe (i)	['tɛpə]
tapete (m) pequeno	lille tæppe (i)	['lilə 'tɛpə]
lareira (f)	pejs (f), kamin (f)	['pɑjˀs], [ka'miˀn]
vela (f)	lys (i)	['lyˀs]
castiçal (m)	lysestage (f)	['lysəˌstæːjə]
cortinas (f pl)	gardiner (i pl)	[gɑ'diˀnʌ]
papel (m) de parede	tapet (i)	[ta'peˀt]

estores (f pl)	persienne (f)	[pæɐ̯'ɡɛnə]
candeeiro (m) de mesa	bordlampe (f)	['boɐ̯ˌlampə]
candeeiro (m) de parede	væglampe (f)	['vɛgˌlampə]
candeeiro (m) de pé	standerlampe (f)	['stanʌˌlampə]
lustre (m)	lysekrone (f)	['lysəˌkʁoːnə]
pé (de mesa, etc.)	ben (i)	['beˀn]
braço (m)	armlæn (i)	['ɑˀmˌlɛˀn]
costas (f pl)	ryg (f), ryglæn (i)	['ʁɶg], ['ʁɶgˌlɛˀn]
gaveta (f)	skuffe (f)	['skɔfə]

70. Quarto de dormir

roupa (f) de cama	sengetøj (i)	['sɛŋəˌtʌj]
almofada (f)	pude (f)	['puːðə]
fronha (f)	pudebetræk (i)	['puːðə be'tʁak]
cobertor (m)	dyne (f)	['dyːnə]
lençol (m)	lagen (i)	['læjˀən]
colcha (f)	sengetæppe (i)	['sɛŋəˌtɛpə]

71. Cozinha

cozinha (f)	køkken (i)	['køkən]
gás (m)	gas (f)	['gas]
fogão (m) a gás	gaskomfur (i)	['gasˌkɔm'fuɐ̯ˀ]
fogão (m) elétrico	elkomfur (i)	['ɛlˌkɔm'fuɐ̯ˀ]
forno (m)	bageovn (f)	['bæːjəˌɒwˀn]
forno (m) de micro-ondas	mikroovn (f)	['mikʁoˌɒwˀn]
frigorífico (m)	køleskab (i)	['køːləˌskæˀb]
congelador (m)	fryser (f)	['fʁyːsʌ]
máquina (f) de lavar louça	opvaskemaskine (f)	[ʌp'vaskə ma'skiːnə]
moedor (m) de carne	kødhakker (f)	['køðˌhakʌ]
espremedor (m)	juicepresser (f)	['dʒuːsˌpʁasʌ]
torradeira (f)	brødrister, toaster (f)	['bʁœðˌʁɛstʌ], ['tɔwstʌ]
batedeira (f)	mikser, mixer (f)	['meksʌ]
máquina (f) de café	kaffemaskine (f)	['kɑfə ma'skiːnə]
cafeteira (f)	kaffekande (f)	['kɑfəˌkanə]
moinho (m) de café	kaffekværn (f)	['kɑfəˌkvæɐ̯ˀn]
chaleira (f)	kedel (f)	['keðəl]
bule (m)	tekande (f)	['teˌkanə]
tampa (f)	låg (i)	['lɔˀw]
coador (m) de chá	tesi (f)	['teˀˌsiˀ]
colher (f)	ske (f)	['skeˀ]
colher (f) de chá	teske (f)	['teˀˌskeˀ]
colher (f) de sopa	spiseske (f)	['spiːsəˌskeˀ]
garfo (m)	gaffel (f)	['gɑfəl]
faca (f)	kniv (f)	['kniwˀ]

louça (f)	service (i)	[sæɐ̯'vi:sə]
prato (m)	tallerken (f)	[ta'læɐ̯kən]
pires (m)	underkop (f)	['ɔnʌˌkʌp]

cálice (m)	shotglas (i)	['ɕʌtˌglas]
copo (m)	glas (i)	['glas]
chávena (f)	kop (f)	['kʌp]

açucareiro (m)	sukkerskål (f)	['sɔkʌˌskɔʔl]
saleiro (m)	saltbøsse (f)	['saltˌbøsə]
pimenteiro (m)	peberbøsse (f)	['pewʌˌbøsə]
manteigueira (f)	smørskål (f)	['smœɐ̯ˌskɔʔl]

panela, caçarola (f)	gryde (f)	['gʁy:ðə]
frigideira (f)	stegepande (f)	['stɑjəˌpanə]
concha (f)	slev (f)	['slew']
passador (m)	dørslag (i)	['dœɐ̯ˌslæʔj]
bandeja (f)	bakke (f)	['bɑkə]

garrafa (f)	flaske (f)	['flaskə]
boião (m) de vidro	glasdåse (f)	['glasˌdɔ:sə]
lata (f)	dåse (f)	['dɔ:sə]

abre-garrafas (m)	oplukker (f)	['ʌpˌlɔkʌ]
abre-latas (m)	dåseåbner (f)	['dɔ:səˌɔ:bnʌ]
saca-rolhas (m)	proptrækker (f)	['pʁʌpˌtʁakʌ]
filtro (m)	filter (i)	['filʔtʌ]
filtrar (vt)	at filtrere	[ʌ fil'tʁɛʔʌ]

lixo (m)	affald, skrald (i)	['ɑwˌfalʔ], ['skʁalʔ]
balde (m) do lixo	skraldespand (f)	['skʁaləˌspanʔ]

72. Casa de banho

quarto (m) de banho	badeværelse (i)	['bæ:ðəˌvæɐ̯ʌlsə]
água (f)	vand (i)	['vanʔ]
torneira (f)	hane (f)	['hæ:nə]
água (f) quente	varmt vand (i)	['vɑʔmt vanʔ]
água (f) fria	koldt vand (i)	['kʌlt vanʔ]

pasta (f) de dentes	tandpasta (f)	['tanˌpasta]
escovar os dentes	at børste tænder	[ʌ 'bœɐ̯stə 'tɛnʌ]
escova (f) de dentes	tandbørste (f)	['tanˌbœɐ̯stə]

barbear-se (vr)	at barbere sig	[ʌ bɑ'beʔʌ sɑj]
espuma (f) de barbear	barberskum (i)	[bɑ'beʔɐ̯ˌskɔmʔ]
máquina (f) de barbear	skraber (f)	['skʁɑ:bʌ]

lavar (vt)	at vaske	[ʌ 'vaskə]
lavar-se (vr)	at vaske sig	[ʌ 'vaskə sɑj]
duche (m)	brusebad (i)	['bʁu:səˌbɑð]
tomar um duche	at tage brusebad	[ʌ 'tæʔ 'bʁu:səˌbɑð]
banheira (f)	badekar (i)	['bæ:ðəˌkɑ]
sanita (f)	toiletkumme (f)	[toa'lɛt 'komə]

lavatório (m)	håndvask (f)	['hʌnˀˌvask]
sabonete (m)	sæbe (f)	['sɛːbə]
saboneteira (f)	sæbeskål (f)	['sɛːbəˌskɔˀl]

esponja (f)	svamp (f)	['svɑmˀp]
champô (m)	shampoo (f)	['ɕæːmˌpuː]
toalha (f)	håndklæde (i)	['hʌnˌklɛːðə]
roupão (m) de banho	badekåbe (f)	['bæːðəˌkɔːbə]

lavagem (f)	vask (f)	['vask]
máquina (f) de lavar	vaskemaskine (f)	['vaskə maˈskiːnə]
lavar a roupa	at vaske tøj	[ʌ 'vaskə 'tʌj]
detergente (m)	vaskepulver (i)	['vaskəˌpɔlˀvʌ]

73. Eletrodomésticos

televisor (m)	tv, fjernsyn (i)	['teˀˌveˀ], ['fjæɡnˌsyˀn]
gravador (m)	båndoptager (f)	['bɒnˌʌbtæˀʌ]
videogravador (m)	video (f)	['viˀdjo]
rádio (m)	radio (i)	['ʁɑˀdjo]
leitor (m)	afspiller (f)	['awˌspelˀʌ]

projetor (m)	projektor (f)	[pʁoˈɕɛktʌ]
cinema (m) em casa	hjemmebio (f)	['jɛməˌbiːo]
leitor (m) de DVD	dvd-afspiller (f)	[deveˈdeˀ awˈspelˀʌ]
amplificador (m)	forstærker (f)	[fʌˈstæɡkʌ]
console (f) de jogos	spillekonsol (f)	['spelə kɔnˈsʌlˀ]

câmara (f) de vídeo	videokamera (i)	['viˀdjo ˌkæˀmɐʁɑ]
máquina (f) fotográfica	kamera (i)	['kæˀmɐʁɑ]
câmara (f) digital	digitalkamera (i)	[digiˈtæˀl ˌkæˀmɐʁɑ]

aspirador (m)	støvsuger (f)	['støwˌsuˀʌ]
ferro (m) de engomar	strygejern (i)	['stʁyəˌjæɡˀn]
tábua (f) de engomar	strygebræt (i)	['stʁyəˌbʁat]

telefone (m)	telefon (f)	[teləˈfoˀn]
telemóvel (m)	mobiltelefon (f)	[moˈbil teləˈfoˀn]
máquina (f) de escrever	skrivemaskine (f)	['skʁiːvə maˈskiːnə]
máquina (f) de costura	symaskine (f)	['symaˌskiːnə]

microfone (m)	mikrofon (f)	[mikʁoˈfoˀn]
auscultadores (m pl)	hovedtelefoner (f pl)	['hoːəð teləˈfoˀnʌ]
controlo remoto (m)	fjernbetjening (f)	['fjæɡn beˈtjɛˀnen]

CD (m)	cd (f)	[seˈdeˀ]
cassete (f)	kassette (f)	[kaˈsɛtə]
disco (m) de vinil	plade (f)	['plæːðə]

A TERRA. TEMPO

74. Espaço sideral

cosmos (m)	rummet, kosmos (i)	['ʁɔmet], ['kʌsmʌs]
cósmico	rum-	['ʁɔm-]
espaço (m) cósmico	ydre rum (i)	['yðʁʌ ʁɔmˀ]
mundo (m)	verden (f)	['væɡdən]
universo (m)	univers (i)	[uni'væɡs]
galáxia (f)	galakse (f)	[ga'lɑksə]
estrela (f)	stjerne (f)	['stjæɡnə]
constelação (f)	stjernebillede (i)	['stjæɡnəˌbeləðə]
planeta (m)	planet (f)	[pla'neˀt]
satélite (m)	satellit (f)	[satə'lit]
meteorito (m)	meteorit (f)	[meteo'ʁit]
cometa (m)	komet (f)	[ko'meˀt]
asteroide (m)	asteroide (f)	[astəʁo'i:ðə]
órbita (f)	bane (f)	['bæ:nə]
girar (vi)	at rotere	[ʌ ʁo'teˀʌ]
atmosfera (f)	atmosfære (f)	[atmo'sfɛ:ʌ]
Sol (m)	Solen	['so:lən]
Sistema (m) Solar	solsystem (i)	['so:l sy'steˀm]
eclipse (m) solar	solformørkelse (f)	['so:l fʌ'mœɡkəlsə]
Terra (f)	Jorden	['joˀɡən]
Lua (f)	Månen	['mɔ:nən]
Marte (m)	Mars	['mɑˀs]
Vénus (f)	Venus	['ve:nus]
Júpiter (m)	Jupiter	['jupitʌ]
Saturno (m)	Saturn	['sæˌtuɡn]
Mercúrio (m)	Merkur	[mæɡ'kuɡˀ]
Urano (m)	Uranus	[u'ʁɑnus]
Neptuno (m)	Neptun	[nɛp'tuˀn]
Plutão (m)	Pluto	['pluto]
Via Láctea (f)	Mælkevejen	['mɛlkəˌvɑjən]
Ursa Maior (f)	Store Bjørn	['stoɡ ˌbjœɡˀn]
Estrela Polar (f)	Polarstjernen	[po'lɑˌstjæɡnən]
marciano (m)	marsboer (f)	['mɑˀsˌboˀʌ]
extraterrestre (m)	ikkejordisk væsen (i)	[ˌekə'joɡdisk ˌvɛˀsən]
alienígena (m)	rumvæsen (i)	['ʁɔmˌvɛˀsən]

disco (m) voador	**flyvende tallerken** (f)	['fly:vənə ta'læɡ̊kən]
nave (f) espacial	**rumskib** (i)	['ʁɔmˌski'b]
estação (f) orbital	**rumstation** (f)	['ʁɔm sta'ɕo'n]
lançamento (m)	**start** (f)	['stɑ'̍t]

motor (m)	**motor** (f)	['mo:tʌ]
bocal (m)	**dyse** (f)	['dysə]
combustível (m)	**brændsel** (i)	['bʁanˀsəl]

cabine (f)	**cockpit** (i)	['kʌkˌpit]
antena (f)	**antenne** (f)	[an'tɛnə]

vigia (f)	**koøje** (i)	['koˌʌjə]
bateria (f) solar	**solbatteri** (i)	['so:lbatʌ'ʁi']
traje (m) espacial	**rumdragt** (f)	['ʁɔmˌdʁagt]

imponderabilidade (f)	**vægtløshed** (f)	['vɛgtløːsˌheð']
oxigénio (m)	**ilt** (f), **oxygen** (i)	['il'̍t], [ʌgsy'ge'n]

acoplagem (f)	**dokning** (f)	['dʌknen]
fazer uma acoplagem	**at dokke**	[ʌ 'dʌkə]

observatório (m)	**observatorium** (i)	[ʌbsæɡva'toɡ'jɔm]
telescópio (m)	**teleskop** (i)	[telə'sko'p]

observar (vt)	**at observere**	[ʌ ʌbsæɡ've'ʌ]
explorar (vt)	**at udforske**	[ʌ 'uðˌfɒ:skə]

75. A Terra

Terra (f)	**Jorden**	['jo'ɡən]
globo terrestre (Terra)	**jordklode** (f)	['joɡˌklo:ðə]
planeta (m)	**planet** (f)	[pla'ne'̍t]

atmosfera (f)	**atmosfære** (f)	[atmo'sfɛːʌ]
geografia (f)	**geografi** (f)	[geogʁɑ'fi']
natureza (f)	**natur** (f)	[na'tuɡ']

globo (mapa esférico)	**globus** (f)	['glo:bus]
mapa (m)	**kort** (i)	['kɒ:t]
atlas (m)	**atlas** (i)	['atlas]

Europa (f)	**Europa**	[œw'ʁo:pa]
Ásia (f)	**Asien**	['æ'ɕən]

África (f)	**Afrika**	['afʁika]
Austrália (f)	**Australien**	[aw'stʁɑ'ljən]

América (f)	**Amerika**	[a'meʁika]
América (f) do Norte	**Nordamerika**	['noɡ a'meʁika]
América (f) do Sul	**Sydamerika**	['syð a'meʁika]

Antártida (f)	**Antarktis**	[an'tɑ'ktis]
Ártico (m)	**Arktis**	['ɑ'ktis]

76. Pontos cardeais

norte (m)	nord (i)	['noˀɐ̯]
para norte	mod nord	[moð 'noˀɐ̯]
no norte	i nord	[i 'noˀɐ̯]
do norte	nordlig	['noɐ̯li]
sul (m)	syd (f)	['syð]
para sul	mod syd	[moð 'syð]
no sul	i syd	[i 'syð]
do sul	sydlig	['syðli]
oeste, ocidente (m)	vest (f)	['vɛst]
para oeste	mod vest	[moð 'vɛst]
no oeste	i vest	[i 'vɛst]
ocidental	vestlig	['vɛstli]
leste, oriente (m)	øst (f)	['øst]
para leste	mod øst	[moð 'øst]
no leste	i øst	[i 'øst]
oriental	østlig	['østli]

77. Mar. Oceano

mar (m)	hav (i)	['haw]
oceano (m)	ocean (i)	[osə'æˀn]
golfo (m)	bugt (f)	['bɔgt]
estreito (m)	stræde (i), sund (i)	['stʁɛːðə], ['sɔnˀ]
terra (f) firme	land (i)	['lanˀ]
continente (m)	fastland, kontinent (i)	['fast͵lanˀ], [kʌnti'nɛnˀt]
ilha (f)	ø (f)	['øˀ]
península (f)	halvø (f)	['hal͵øˀ]
arquipélago (m)	øhav, arkipelag (i)	['ø͵haw], [akipe'læˀj]
baía (f)	bugt (f)	['bɔgt]
porto (m)	havn (f)	['hawˀn]
lagoa (f)	lagune (f)	[la'guːnə]
cabo (m)	kap (i)	['kap]
atol (m)	atol (f)	[a'tʌlˀ]
recife (m)	rev (i)	['ʁɛw]
coral (m)	koral (f)	[ko'ʁalˀ]
recife (m) de coral	koralrev (i)	[ko'ʁal͵ʁɛw]
profundo	dyb	['dyˀb]
profundidade (f)	dybde (f)	['dybdə]
abismo (m)	afgrund (f), dyb (i)	['aw͵gʁɔnˀ], ['dyˀb]
fossa (f) oceânica	oceangrav (f)	[osə͵æn 'gʁɑˀw]
corrente (f)	strøm (f)	['stʁœmˀ]
banhar (vt)	at omgive	[ʌ 'ʌm͵giˀ]
litoral (m)	kyst (f)	['køst]

costa (f)	kyst (f)	['køst]
maré (f) alta	flod (f)	['floˀð]
refluxo (m), maré (f) baixa	ebbe (i)	['ɛbə]
restinga (f)	sandbanke (f)	['sanˌbɑŋkə]
fundo (m)	bund (f)	['bɔnˀ]

onda (f)	bølge (f)	['bøljə]
crista (f) da onda	bølgekam (f)	['bøljəˌkɑmˀ]
espuma (f)	skum (i)	['skɔmˀ]

tempestade (f)	storm (f)	['stɔˀm]
furacão (m)	orkan (f)	[ɒ'kæˀn]
tsunami (m)	tsunami (f)	[tsu'nɑːmi]
calmaria (f)	stille (i)	['stelə]
calmo	stille	['stelə]

| polo (m) | pol (f) | ['poˀl] |
| polar | polar- | [po'lɑ-] |

latitude (f)	bredde (f)	['bʁɛˀdə]
longitude (f)	længde (f)	['lɛŋˀdə]
paralela (f)	breddegrad (f)	['bʁɛˀdəˌgʁɑˀð]
equador (m)	ækvator (f)	[ɛ'kvæːtʌ]

céu (m)	himmel (f)	['heməl]
horizonte (m)	horisont (f)	[hɒi'sʌnˀt]
ar (m)	luft (f)	['loft]

farol (m)	fyr (i)	['fyɐ̯ˀ]
mergulhar (vi)	at dykke	[ʌ 'døkə]
afundar-se (vr)	at synke	[ʌ 'søŋkə]
tesouros (m pl)	skatte (f pl)	['skatə]

78. Nomes de Mares e Oceanos

Oceano (m) Atlântico	Atlanterhavet	[at'lanˀtʌˌhæˀvəð]
Oceano (m) Índico	Det Indiske Ocean	[de 'enˀdiskə osə'æˀn]
Oceano (m) Pacífico	Stillehavet	['steləˌhæˀvəð]
Oceano (m) Ártico	Polarhavet	[po'lɑˌhæˀvəð]

Mar (m) Negro	Sortehavet	['soɐ̯təˌhæˀvəð]
Mar (m) Vermelho	Rødehavet	['ʁœːðəˌhæˀvəð]
Mar (m) Amarelo	Det Gule hav	[de 'gulə 'hɑw]
Mar (m) Branco	Hvidehavet	['viːðəˌhæˀvəð]

Mar (m) Cáspio	Det Kaspiske Hav	[de 'kaspiːskə 'hɑw]
Mar (m) Morto	Dødehavet	['døːðəˌhæˀvəð]
Mar (m) Mediterrâneo	Middelhavet	['miðəlˌhæˀvəð]

| Mar (m) Egeu | Ægæerhavet | [ɛ'gɛˀɛʌ 'hæˀvəð] |
| Mar (m) Adriático | Adriaterhavet | [æˀdʁi'æˀtʌ 'hæˀvəð] |

| Mar (m) Arábico | Arabiahavet | [ɑ'ʁɑˀbia 'hæˀvəð] |
| Mar (m) do Japão | Det Japanske Hav | [de ja'pæˀnskə 'hɑw] |

| Mar (m) de Bering | Beringshavet | ['be:ʁɐŋsˌhæˀvəð] |
| Mar (m) da China Meridional | Det Sydkinesiske Hav | [de 'syðkiˌne:siskə 'hɑw] |

Mar (m) de Coral	Koralhavet	[ko'ʁɑlˌhæˀvəð]
Mar (m) de Tasman	Det Tasmanske hav	[de tas'manskə 'hɑw]
Mar (m) do Caribe	Det Caribiske Hav	[de kɑ'ʁibiskə ˌhɑw]

| Mar (m) de Barents | Barentshavet | ['bɑːæntsˌhæˀvəð] |
| Mar (m) de Kara | Karahavet | ['kɑɑˌhæˀvəð] |

Mar (m) do Norte	Nordsøen	['noɐ̯ˌsøˀən]
Mar (m) Báltico	Østersøen	['østʌˌsøˀən]
Mar (m) da Noruega	Norskehavet	['nɔːskəˌhæˀvəð]

79. Montanhas

montanha (f)	bjerg (i)	['bjæɐ̯ˀw]
cordilheira (f)	bjergkæde (f)	['bjæɐ̯wˌkɛːðə]
serra (f)	bjergryg (f)	['bjæɐ̯wˌʁɶg]

cume (m)	top (f), bjergtop (f)	['tʌp], ['bjæɐ̯wˌtʌp]
pico (m)	tinde (f)	['tenə]
sopé (m)	fod (f)	['foˀð]
declive (m)	skråning (f)	['skʁɔˀneŋ]

vulcão (m)	vulkan (f)	[vul'kæˀn]
vulcão (m) ativo	aktiv vulkan (f)	['ɑkˌtiwˀ vul'kæˀn]
vulcão (m) extinto	udslukt vulkan (f)	['uðˌsloktvul'kæˀn]

erupção (f)	udbrud (i)	['uðˌbʁuð]
cratera (f)	krater (f)	['kʁɑˀtʌ]
magma (m)	magma (i, f)	['mɑwma]
lava (f)	lava (f)	['læːva]
fundido (lava ~a)	glødende	['gløːðənə]

desfiladeiro (m)	canyon (f)	['kanjʌn]
garganta (f)	kløft (f)	['kløft]
fenda (f)	revne (f)	['ʁawnə]
precipício (m)	afgrund (f)	['awˌgʁɔnˀ]

passo, colo (m)	pas (i)	['pas]
planalto (m)	plateau (i)	[pla'to]
falésia (f)	klippe (f)	['klepə]
colina (f)	bakke (f)	['bɑkə]

glaciar (m)	gletsjer (f)	['glɛtɕʌ]
queda (f) d'água	vandfald (i)	['vanˌfalˀ]
géiser (m)	gejser (f)	['gɑjˀsʌ]
lago (m)	sø (f)	['søˀ]

planície (f)	slette (f)	['slɛtə]
paisagem (f)	landskab (i)	['lanˌskæˀb]
eco (m)	ekko (i)	['ɛko]
alpinista (m)	alpinist (f)	[alpi'nist]

escalador (m)	**bjergbestiger** (f)	['bjæɐ̯wbe'sti²ə]
conquistar (vt)	**at erobre**	[ʌ e'ʁo²bʁʌ]
subida, escalada (f)	**bestigning** (f)	[be'sti²neŋ]

80. Nomes de montanhas

Alpes (m pl)	**Alperne**	['alpɒnə]
monte Branco (m)	**Mont Blanc**	[ˌmɒn'blʌn]
Pirineus (m pl)	**Pyrenæerne**	[pyɐ̯²nɛːɐ̯nə]
Cárpatos (m pl)	**Karpaterne**	[kɑ:'pætɒnə]
montes (m pl) Urais	**Uralbjergene**	[u:'ʁæ²l 'bjæɐ̯²wənə]
Cáucaso (m)	**Kaukasus**	['kaukasus]
Elbrus (m)	**Elbrus**	[ɛl'bʁu:s]
Altai (m)	**Altaj**	[al'tɑj]
Tian Shan (m)	**Tien-Shan**	[ti'enˌɕæn]
Pamir (m)	**Pamir**	[pæ'miɐ̯²]
Himalaias (m pl)	**Himalaya**	[hima'lɑja]
monte (m) Everest	**Everest**	['ɛ:vʁɛst]
Cordilheira (f) dos Andes	**Andesbjergene**	['anəs 'bjæɐ̯²wənə]
Kilimanjaro (m)	**Kilimanjaro**	[kiliman'dʒaʁo:]

81. Rios

rio (m)	**flod** (f)	['flo²ð]
fonte, nascente (f)	**kilde** (f)	['kilə]
leito (m) do rio	**flodseng** (f)	['floðˌsɛŋ²]
bacia (f)	**flodbassin** (i)	['floð ba'sɛŋ]
desaguar no ...	**at munde ud ...**	[ʌ 'mɔnə uð² ...]
afluente (m)	**biflod** (f)	['biˌflo²ð]
margem (do rio)	**bred** (f)	['bʁɛð²]
corrente (f)	**strøm** (f)	['stʁœm²]
rio abaixo	**nedstrøms**	['neðˌstʁœm²s]
rio acima	**opstrøms**	['ʌpˌstʁœm²s]
inundação (f)	**oversvømmelse** (f)	['ɒwʌˌsvœm²əlsə]
cheia (f)	**flom** (f)	['flʌm²]
transbordar (vi)	**at flyde over**	[ʌ 'fly:ðə 'ɒw'ʌ]
inundar (vt)	**at oversvømme**	[ʌ 'ɒwʌˌsvœm²ə]
banco (m) de areia	**grund** (f)	['gʁɔn²]
rápidos (m pl)	**strømfald** (i)	['stʁœmˌfal²]
barragem (f)	**dæmning** (f)	['dɛmneŋ]
canal (m)	**kanal** (f)	[ka'næ²l]
reservatório (m) de água	**reservoir** (i)	[ʁɛsæɐ̯vo'ɑ:]
eclusa (f)	**sluse** (f)	['slu:sə]
corpo (m) de água	**vandområde** (i)	['van 'ʌmˌʁɔ:ðə]

pântano (m)	sump, mose (f)	['sɔm'p], ['mo:sə]
tremedal (m)	hængesæk (f)	['hɛŋəˌsɛk]
remoinho (m)	strømhvirvel (f)	['stʁœmˌviʁˀwəl]

arroio, regato (m)	bæk (f)	['bɛk]
potável	drikke-	['dʁɛkə-]
doce (água)	ferske	['fæɐ̯skə]

| gelo (m) | is (f) | ['i's] |
| congelar-se (vr) | at fryse til | [ʌ 'fʁy:sə tel] |

82. Nomes de rios

| rio Sena (m) | Seinen | ['sɛ:nən] |
| rio Loire (m) | Loire | [lu'ɒ:ʁ] |

rio Tamisa (m)	Themsen	['tɛmsən]
rio Reno (m)	Rhinen	['ʁi:nən]
rio Danúbio (m)	Donau	[dɔ'nɑu]

rio Volga (m)	Volga	['vɔlga]
rio Don (m)	Don	['dɔn]
rio Lena (m)	Lena	['le:na]

rio Amarelo (m)	Huang He	[huˌɑng'he:]
rio Yangtzé (m)	Yangtze	['jɑntsə]
rio Mekong (m)	Mekong	[me'kɔn]
rio Ganges (m)	Ganges	['gɑːŋəs]

rio Nilo (m)	Nilen	['ni:lən]
rio Congo (m)	Congo	['kʌngo]
rio Cubango (m)	Okavango	[ɔka'vɑngo]
rio Zambeze (m)	Zambezi	[sɑm'bɛsi]
rio Limpopo (m)	Limpopo	[li:mpopo]
rio Mississípi (m)	Mississippi	['misisi:pi]

83. Floresta

| floresta (f), bosque (m) | skov (f) | ['skɒwˀ] |
| florestal | skov- | ['skɒw-] |

mata (f) cerrada	tæt skov (f)	['tɛt ˌskɒwˀ]
arvoredo (m)	lund (f)	['lɔnˀ]
clareira (f)	lysning (f)	['lysneŋ]

| matagal (m) | tæt krat (i) | ['tɛt 'kʁat] |
| mato (m) | buskads (i) | [bu'skæˀs] |

vereda (f)	sti (f)	['stiˀ]
ravina (f)	ravine (f)	[ʁɑ'vi:nə]
árvore (f)	træ (i)	['tʁɛˀ]
folha (f)	blad (i)	['blað]

folhagem (f)	løv (i)	['lø²w]
queda (f) das folhas	løvfald (i)	['løw,fal²]
cair (vi)	at falde	[ʌ 'falə]
topo (m)	trætop (f)	['tʁɛ,tʌp]

ramo (m)	kvist (f)	['kvest]
galho (m)	gren (f)	['gʁɛ²n]
botão, rebento (m)	knop (f)	['knɔp]
agulha (f)	nål (f)	['nɔ²l]
pinha (f)	kogle (f)	['kɒwlə]

buraco (m) de árvore	træhul (i)	['tʁɛ,hɔl]
ninho (m)	rede (f)	['ʁɛ:ðə]
toca (f)	hule (f)	['hu:lə]

tronco (m)	stamme (f)	['stɑmə]
raiz (f)	rod (f)	['ʁo²ð]
casca (f) de árvore	bark (f)	['bɑ:k]
musgo (m)	mos (i)	['mɔs]

arrancar pela raiz	at rykke op med rode	[ʌ 'ʁœkə ʌp mɛ 'ʁo:ðə]
cortar (vt)	at fælde	[ʌ 'fɛlə]
desflorestar (vt)	at hugge ned	[ʌ 'hɔgə 'neð²]
toco, cepo (m)	træstub (f)	['tʁɛ,stub]

fogueira (f)	bål (i)	['bɔ²l]
incêndio (m) florestal	skovbrand (f)	['skɒw,bʁɑn²]
apagar (vt)	at slukke	[ʌ 'slɔkə]

guarda-florestal (m)	skovløber (f)	['skɒw,lø:bʌ]
proteção (f)	værn (i), beskyttelse (f)	['væg²n], [be'skøtəlsə]
proteger (a natureza)	at beskytte	[ʌ be'skøtə]
caçador (m) furtivo	krybskytte (f)	['kʁyb,skøtə]
armadilha (f)	saks (f), fælde (f)	['sɑks], ['fɛlə]

| colher (cogumelos, bagas) | at plukke | [ʌ 'plɔkə] |
| perder-se (vr) | at fare vild | [ʌ 'fɑ:ɑ 'vil²] |

84. Recursos naturais

recursos (m pl) naturais	naturressourcer (f pl)	[na'tuʁ ʁɛ'suʁsʌ]
minerais (m pl)	mineraler (i pl)	[minə'ʁɑ²lʌ]
depósitos (m pl)	forekomster (f pl)	['fɔ:ɒ,kʌm²stʌ]
jazida (f)	felt (i)	['fɛl²t]

extrair (vt)	at udvinde	[ʌ 'uð,ven²ə]
extração (f)	udvinding (f)	['uð,venen]
minério (m)	malm (f)	['mal²m]
mina (f)	mine (f)	['mi:nə]
poço (m) de mina	mineskakt (f)	['minə,skakt]
mineiro (m)	minearbejder (f)	['mi:nə'ɑ:,bɑj²dʌ]

| gás (m) | gas (f) | ['gas] |
| gasoduto (m) | gasledning (f) | ['gas,leðnen] |

petróleo (m)	olie (f)	['oljə]
oleoduto (m)	olieledning (f)	['oljə‚leðnen]
poço (m) de petróleo	oliebrønd (f)	['oljə‚bʁœn’]
torre (f) petrolífera	boretårn (i)	['bo:ʌ‚tɒ’n]
petroleiro (m)	tankskib (i)	['taŋk‚ski’b]

areia (f)	sand (i)	['san’]
calcário (m)	kalksten (f)	['kalk‚ste’n]
cascalho (m)	grus (i)	['gʁu’s]
turfa (f)	tørv (f)	['tœg’w]
argila (f)	ler (i)	['le’g]
carvão (m)	kul (i)	['kɔl]

ferro (m)	jern (i)	['jæg’n]
ouro (m)	guld (i)	['gul]
prata (f)	sølv (i)	['søl]
níquel (m)	nikkel (i)	['nekəl]
cobre (m)	kobber (i)	['kɒw’ʌ]

zinco (m)	zink (i, f)	['seŋ’k]
manganês (m)	mangan (i)	[mɑn'gæ’n]
mercúrio (m)	kviksølv (i)	['kvik‚søl]
chumbo (m)	bly (i)	['bly’]

mineral (m)	mineral (i)	[minə'ʁɑ’l]
cristal (m)	krystal (i, f)	[kʁy'stal’]
mármore (m)	marmor (i)	['mɑ’moɡ]
urânio (m)	uran (i, f)	[u'ʁɑ’n]

85. Tempo

tempo (m)	vejr (i)	['vɛ’g]
previsão (f) do tempo	vejrudsigt (f)	['veg‚uðsegt]
temperatura (f)	temperatur (f)	[tɛmpʁɑ'tug’]
termómetro (m)	termometer (i)	[tægmo'me’tʌ]
barómetro (m)	barometer (i)	[bao'me’tʌ]

húmido	fugtig	['fɔgti]
humidade (f)	fugtighed (f)	['fɔgti‚heð’]
calor (m)	hede (f)	['he:ðə]
cálido	hed	['heð’]
está muito calor	det er hedt	[de 'æg 'heð’]

está calor	det er varmt	[de 'æg 'vɑ’mt]
quente	varm	['vɑ’m]

está frio	det er koldt	[de 'æg 'kʌlt]
frio	kold	['kʌl’]

sol (m)	sol (f)	['so’l]
brilhar (vi)	at skinne	[ʌ 'skenə]
de sol, ensolarado	solrig	['so:l‚ʁi’]
nascer (vi)	at stå op	[ʌ stɔ’ 'ʌp]
pôr-se (vr)	at gå ned	[ʌ gɔ’ 'neð’]

nuvem (f)	sky (f)	['sky']
nublado	skyet	['sky:əð]
nuvem (f) preta	regnsky (f)	['ʁajnˌsky']
escuro, cinzento	mørk	['mœɐ̯k]

chuva (f)	regn (f)	['ʁaj'n]
está a chover	det regner	[de 'ʁajnʌ]
chuvoso	regnvejrs-	['ʁajnˌvɛɐ̯s-]
chuviscar (vi)	at småregne	[ʌ 'smɒʁajnə]

chuva (f) torrencial	øsende regn (f)	['ø:sənə ˌʁaj'n]
chuvada (f)	styrtregn (f)	['styɐ̯tˌʁaj'n]
forte (chuva)	kraftig, heftig	['kʁafti], ['hɛfti]
poça (f)	vandpyt (f)	['vanˌpyt]
molhar-se (vr)	at blive våd	[ʌ 'bli:ə 'vɔ'ð]

nevoeiro (m)	tåge (f)	['tɔ:wə]
de nevoeiro	tåget	['tɔ:weð]
neve (f)	sne (f)	['sne']
está a nevar	det sner	[de 'sne'ʌ]

86. Tempo extremo. Catástrofes naturais

trovoada (f)	tordenvejr (i)	['toɐ̯dənˌvɛ'ɐ̯]
relâmpago (m)	lyn (i)	['ly'n]
relampejar (vi)	at glimte	[ʌ 'glemtə]

trovão (m)	torden (f)	['toɐ̯dən]
trovejar (vi)	at tordne	[ʌ 'toɐ̯dnə]
está a trovejar	det tordner	[de 'toɐ̯dnʌ]

granizo (m)	hagl (i)	['haw'l]
está a cair granizo	det hagler	[de 'hawlɐ̯]

inundar (vt)	at oversvømme	[ʌ 'ɒwʌˌsvœm'ə]
inundação (f)	oversvømmelse (f)	['ɒwʌˌsvœm'əlsə]

terremoto (m)	jordskælv (i)	['joɐ̯ˌskɛl'v]
abalo, tremor (m)	skælv (i)	['skɛl'v]
epicentro (m)	epicenter (i)	[epi'sɛn'tʌ]

erupção (f)	udbrud (i)	['uðˌbʁuð]
lava (f)	lava (f)	['læ:va]

turbilhão (m)	skypumpe (f)	['skyˌpɔmpə]
tornado (m)	tornado (f)	[tɒ'næ:do]
tufão (m)	tyfon (f)	[ty'fo'n]

furacão (m)	orkan (f)	[ɒ'kæ'n]
tempestade (f)	storm (f)	['stɒ'm]
tsunami (m)	tsunami (f)	[tsu'nɑ:mi]

ciclone (m)	cyklon (f)	[sy'klo'n]
mau tempo (m)	uvejr (i)	['uˌvɛ'ɐ̯]

incêndio (m)	brand (f)	['bʁɑn']
catástrofe (f)	katastrofe (f)	[kata'stʁo:fə]
meteorito (m)	meteorit (f)	[meteo'ʁit]

avalanche (f)	lavine (f)	[la'vi:nə]
deslizamento (m) de neve	sneskred (i)	['sne,skʁɛð]
nevasca (f)	snefog (i)	['sne,fɔw']
tempestade (f) de neve	snestorm (f)	['sne,stɒ'm]

FAUNA

87. Mamíferos. Predadores

predador (m)	rovdyr (i)	['ʁɒwˌdyg̊ˀ]
tigre (m)	tiger (f)	['tiːʌ]
leão (m)	løve (f)	['løːvə]
lobo (m)	ulv (f)	['ulˀv]
raposa (f)	ræv (f)	['ʁɛˀw]

jaguar (m)	jaguar (f)	[jagu'ɑˀ]
leopardo (m)	leopard (f)	[leo'pɑˀd]
chita (f)	gepard (f)	[ge'pɑˀd]

pantera (f)	panter (f)	['panˀtʌ]
puma (m)	puma (f)	['puːma]
leopardo-das-neves (m)	sneleopard (f)	['sne leo'pɑˀd]
lince (m)	los (f)	['lʌs]

coiote (m)	coyote, prærieulv (f)	[ko'joːtə], ['pʁɛg̊jəˌulˀv]
chacal (m)	sjakal (f)	[ɕa'kæˀl]
hiena (f)	hyæne (f)	[hy'ɛːnə]

88. Animais selvagens

| animal (m) | dyr (i) | ['dyg̊ˀ] |
| besta (f) | bæst (i), udyr (i) | ['bɛˀst], ['uˌdyg̊ˀ] |

esquilo (m)	egern (i)	['eˀjʌn]
ouriço (m)	pindsvin (i)	['penˌsviˀn]
lebre (f)	hare (f)	['haːɑ]
coelho (m)	kanin (f)	[ka'niˀn]

texugo (m)	grævling (f)	['gʁawleŋ]
guaxinim (m)	vaskebjørn (f)	['vaskəˌbjœg̊ˀn]
hamster (m)	hamster (f)	['hamˀstʌ]
marmota (f)	murmeldyr (i)	['mug̊ˀməlˌdyg̊ˀ]

toupeira (f)	muldvarp (f)	['mulˌvɑːp]
rato (m)	mus (f)	['muˀs]
ratazana (f)	rotte (f)	['ʁʌtə]
morcego (m)	flagermus (f)	['flɑwʌˌmuˀs]

arminho (m)	hermelin (f)	[hæg̊məˈliˀn]
zibelina (f)	zobel (f)	['soˀbəl]
marta (f)	mår (f)	['mɒˀ]
doninha (f)	brud (f)	['bʁuð]
vison (m)	mink (f)	['meŋˀk]

| castor (m) | bæver (f) | ['bɛˀvʌ] |
| lontra (f) | odder (f) | ['ʌðˀʌ] |

cavalo (m)	hest (f)	['hɛst]
alce (m)	elg (f)	['ɛlˀj]
veado (m)	hjort (f)	['jɒːt]
camelo (m)	kamel (f)	[ka'meˀl]

bisão (m)	bison (f)	['bisʌn]
auroque (m)	urokse (f)	['uɐ̯ˌʌksə]
búfalo (m)	bøffel (f)	['bøfəl]

zebra (f)	zebra (f)	['seːbʁɑ]
antílope (m)	antilope (f)	[anti'loːpə]
corça (f)	rådyr (i), rå (f)	['ʁʌˌdyɐ̯ˀ], ['ʁɔˀ]
gamo (m)	dådyr (i)	['dʌˌdyɐ̯ˀ]
camurça (f)	gemse (f)	['gɛmsə]
javali (m)	vildsvin (i)	['vilˌsviˀn]

baleia (f)	hval (f)	['væˀl]
foca (f)	sæl (f)	['sɛˀl]
morsa (f)	hvalros (f)	['valˌʁʌs]
urso-marinho (m)	pelssæl (f)	['pɛlsˌsɛˀl]
golfinho (m)	delfin (f)	[dɛl'fiˀn]

urso (m)	bjørn (f)	['bjœɐ̯ˀn]
urso (m) branco	isbjørn (f)	['isˌbjœɐ̯ˀn]
panda (m)	panda (f)	['panda]

macaco (em geral)	abe (f)	['æːbə]
chimpanzé (m)	chimpanse (f)	[ɕim'pansə]
orangotango (m)	orangutang (f)	[o'ʁɑŋguˌtɑŋˀ]
gorila (m)	gorilla (f)	[go'ʁila]
macaco (m)	makak (f)	[mæ'kɑk]
gibão (m)	gibbon (f)	['gibʌn]

elefante (m)	elefant (f)	[elə'fanˀt]
rinoceronte (m)	næsehorn (i)	['nɛːsəˌhoɐ̯ˀn]
girafa (f)	giraf (f)	[gi'ʁɑf]
hipopótamo (m)	flodhest (f)	['floðˌhɛst]

| canguru (m) | kænguru (f) | [kɛŋguːʁu] |
| coala (m) | koala (f) | [ko'æːla] |

mangusto (m)	mangust (f)	[maŋ'gust]
chinchila (m)	chinchilla (f)	[tjen'tjila]
doninha-fedorenta (f)	skunk (f)	['skɔŋˀk]
porco-espinho (m)	hulepindsvin (i)	['huːlə 'penˌsviˀn]

89. Animais domésticos

gata (f)	kat (f)	['kat]
gato (m) macho	hankat (f)	['hanˌkat]
cão (m)	hund (f)	['hunˀ]

cavalo (m)	hest (f)	['hɛst]
garanhão (m)	hingst (f)	['heŋ'st]
égua (f)	hoppe (f)	['hʌpə]

vaca (f)	ko (f)	['ko']
touro (m)	tyr (f)	['tyɐ̯']
boi (m)	okse (f)	['ʌksə]

ovelha (f)	får (i)	['fɑ:]
carneiro (m)	vædder (f)	['vɛð'ʌ]
cabra (f)	ged (f)	['geð']
bode (m)	gedebuk (f)	['ge:ðə,bɔk]

burro (m)	æsel (i)	['ɛ'səl]
mula (f)	muldyr (i)	['mul,dyɐ̯']

porco (m)	svin (i)	['svi'n]
leitão (m)	gris (f)	['gʁi's]
coelho (m)	kanin (f)	[ka'ni'n]

galinha (f)	høne (f)	['hœ:nə]
galo (m)	hane (f)	['hæ:nə]

pata (f)	and (f)	['an']
pato (macho)	andrik (f)	['an'dʁɛk]
ganso (m)	gås (f)	['gɔ's]

peru (m)	kalkun hane (f)	[kal'ku'n 'hæ:nə]
perua (f)	kalkun (f)	[kal'ku'n]

animais (m pl) domésticos	husdyr (i pl)	['hus,dyɐ̯']
domesticado	tam	['tɑm']
domesticar (vt)	at tæmme	[ʌ 'tɛmə]
criar (vt)	at avle, at opdrætte	[ʌ 'awlə], [ʌ 'ʌp,dʁatə]

quinta (f)	farm (f)	['fɑ'm]
aves (f pl) domésticas	fjerkræ (i)	['fjeɐ̯,kʁɛ']
gado (m)	kvæg (i)	['kvɛ'j]
rebanho (m), manada (f)	hjord (f)	['jɒ'd]

estábulo (m)	stald (f)	['stal']
pocilga (f)	svinesti (f)	['svinə,sti']
estábulo (m)	kostald (f)	['ko,stal']
coelheira (f)	kaninbur (i)	[ka'nin,buɐ̯']
galinheiro (m)	hønsehus (i)	['hœnsə,hu's]

90. Pássaros

pássaro (m), ave (f)	fugl (f)	['fu'l]
pombo (m)	due (f)	['du:ə]
pardal (m)	spurv (f)	['spuɐ̯'w]
chapim-real (m)	musvit (f)	[mu'svit]
pega-rabuda (f)	skade (f)	['skæ:ðə]
corvo (m)	ravn (f)	['ʁɑw'n]

gralha (f) cinzenta	krage (f)	['kʁɑːwə]
gralha-de-nuca-cinzenta (f)	kaie (f)	['kɑjə]
gralha-calva (f)	råge (f)	['ʁɔːwə]

pato (m)	and (f)	['anˀ]
ganso (m)	gås (f)	['gɔˀs]
faisão (m)	fasan (f)	[fa'sæˀn]

águia (f)	ørn (f)	['œɐ̯ˀn]
açor (m)	høg (f)	['høˀj]
falcão (m)	falk (f)	['falˀk]
abutre (m)	grib (f)	['gʁiːb]
condor (m)	kondor (f)	[kʌn'doˀɐ̯]

cisne (m)	svane (f)	['svæːnə]
grou (m)	trane (f)	['tʁɑːnə]
cegonha (f)	stork (f)	['stɔːk]

papagaio (m)	papegøje (f)	[papə'gʌjə]
beija-flor (m)	kolibri (f)	[koli'bʁiˀ]
pavão (m)	påfugl (f)	['pʌˌfuˀl]

avestruz (m)	struds (f)	['stʁus]
garça (f)	hejre (f)	['hɑjʁʌ]
flamingo (m)	flamingo (f)	[fla'meŋgo]
pelicano (m)	pelikan (f)	[peli'kæˀn]

| rouxinol (m) | nattergal (f) | ['natʌˌgæˀl] |
| andorinha (f) | svale (f) | ['svæːlə] |

tordo-zornal (m)	drossel, sjagger (f)	['dʁʌsəl], ['ɕagʌ]
tordo-músico (m)	sangdrossel (f)	['saŋˌdʁʌsəl]
melro-preto (m)	solsort (f)	['soːlˌsoɐ̯t]

andorinhão (m)	mursejler (f)	['muɐ̯ˌsajlʌ]
cotovia (f)	lærke (f)	['læɐ̯kə]
codorna (f)	vagtel (f)	['vagtəl]

pica-pau (m)	spætte (f)	['spɛtə]
cuco (m)	gøg (f)	['gøˀj]
coruja (f)	ugle (f)	['uːlə]
corujão, bufo (m)	hornugle (f)	['hoɐ̯nˌuːlə]
tetraz-grande (m)	tjur (f)	['tjuɐ̯ˀ]
tetraz-lira (m)	urfugl (f)	['uɐ̯ˌfuˀl]
perdiz-cinzenta (f)	agerhøne (f)	['æˀjʌˌhœːnə]

estorninho (m)	stær (f)	['stɛˀɐ̯]
canário (m)	kanariefugl (f)	[ka'nɑˀjəˌfuˀl]
galinha-do-mato (f)	hjerpe, jærpe (f)	['jæɐ̯pə]

| tentilhão (m) | bogfinke (f) | ['bɔwˌfeŋkə] |
| dom-fafe (m) | dompap (f) | ['dɔmˌpap] |

gaivota (f)	måge (f)	['mɔːwə]
albatroz (m)	albatros (f)	['albaˌtʁʌs]
pinguim (m)	pingvin (f)	[peŋ'viˀn]

91. Peixes. Animais marinhos

brema (f)	brasen (f)	['bʁɑ'sən]
carpa (f)	karpe (f)	['kɑ:pə]
perca (f)	aborre (f)	['ɑ̩bɒ:ɒ]
siluro (m)	malle (f)	['malə]
lúcio (m)	gedde (f)	['geðə]

salmão (m)	laks (f)	['laks]
esturjão (m)	stør (f)	['stø'ɐ̯]

arenque (m)	sild (f)	['sil']
salmão (m)	atlantisk laks (f)	[at'lan'tisk 'laks]
cavala, sarda (f)	makrel (f)	[mɑ'kʁal']
solha (f)	rødspætte (f)	['ʁœð̩spɛtə]

lúcio perca (m)	sandart (f)	['san̩ɑ't]
bacalhau (m)	torsk (f)	['tɒ:sk]
atum (m)	tunfisk (f)	['tu:n̩fesk]
truta (f)	ørred (f)	['œɐ̯ʌð]

enguia (f)	ål (f)	['ɔ'l]
raia elétrica (f)	elektrisk rokke (f)	[e'lɛktʁisk 'ʁʌkə]
moreia (f)	muræne (f)	[mu'ʁɛ:nə]
piranha (f)	piraya (f)	[pi'ʁɑja]

tubarão (m)	haj (f)	['haj']
golfinho (m)	delfin (f)	[dɛl'fi'n]
baleia (f)	hval (f)	['væ'l]

caranguejo (m)	krabbe (f)	['kʁabə]
medusa, alforreca (f)	gople, meduse (f)	['gʌplə], [me'du:sə]
polvo (m)	blæksprutte (f)	['blɛk̩spʁutə]

estrela-do-mar (f)	søstjerne (f)	['sø̩stjæɐ̯nə]
ouriço-do-mar (m)	søpindsvin (i)	['sø 'pen̩svi'n]
cavalo-marinho (m)	søhest (f)	['sø̩hɛst]

ostra (f)	østers (f)	['østʌs]
camarão (m)	reje (f)	['ʁɑjə]
lavagante (m)	hummer (f)	['hɔm'ʌ]
lagosta (f)	languster (f)	[lɑŋ'gustʌ]

92. Amfíbios. Répteis

serpente, cobra (f)	slange (f)	['slɑŋə]
venenoso	giftig	['gifti]

víbora (f)	hugorm (f)	['hɔg̩ɒɐ̯'m]
cobra-capelo, naja (f)	kobra (f)	['ko:bʁɑ]
pitão (m)	python (f)	['pytʌn]
jiboia (f)	boa (f)	['bo:a]
cobra-de-água (f)	snog (f)	['sno']

cascavel (f)	klapperslange (f)	['klɑpʌ‚slɑŋə]
anaconda (f)	anakonda (f)	[ana'kʌnda]
lagarto (m)	firben (i)	['fiɡ'beˀn]
iguana (f)	leguan (f)	[legu'æˀn]
varano (m)	varan (f)	[vɑ'ʁɑˀn]
salamandra (f)	salamander (f)	[sala'manˀdʌ]
camaleão (m)	kamæleon (f)	[kaməle'oˀn]
escorpião (m)	skorpion (f)	[skɒpi'oˀn]
tartaruga (f)	skildpadde (f)	['skel‚paðə]
rã (f)	frø (f)	['fʁœˀ]
sapo (m)	tudse (f)	['tusə]
crocodilo (m)	krokodille (f)	[kʁokə'dilə]

93. Insetos

inseto (m)	insekt (i)	[en'sɛkt]
borboleta (f)	sommerfugl (f)	['sʌmʌ‚fuˀl]
formiga (f)	myre (f)	['my:ʌ]
mosca (f)	flue (f)	['flu:ə]
mosquito (m)	stikmyg (f)	['stek‚myg]
escaravelho (m)	bille (f)	['bilə]
vespa (f)	hveps (f)	['vɛps]
abelha (f)	bi (f)	['biˀ]
mamangava (f)	humlebi (f)	['hɔmlə‚biˀ]
moscardo (m)	bremse (f)	['bʁamsə]
aranha (f)	edderkop (f)	['ɛðˀʌ‚kʌp]
teia (f) de aranha	edderkoppespind (i)	['ɛðˀʌkʌpə‚sbenˀ]
libélula (f)	guldsmed (f)	['gul‚smeð]
gafanhoto-do-campo (m)	græshoppe (f)	['gʁas‚hʌpə]
traça (f)	natsværmer (f)	['nat‚svæɡˀmʌ]
barata (f)	kakerlak (f)	[kɑkʌ'lak]
carraça (f)	flåt, mide (f)	['flɔˀt], ['mi:ðə]
pulga (f)	loppe (f)	['lʌpə]
borrachudo (m)	kvægmyg (f)	['kvɛj‚myg]
gafanhoto (m)	vandregræshoppe (f)	['vɑndʁʌ 'gʁas‚hʌpə]
caracol (m)	snegl (f)	['snɑjˀl]
grilo (m)	fårekylling (f)	['fɔ:ɒ‚kyleŋ]
pirilampo (m)	ildflue (f)	['ilflu:ə]
joaninha (f)	mariehøne (f)	[mɑ'ʁiˀə‚hœ:nə]
besouro (m)	oldenborre (f)	['ʌlən‚bɒ:ɒ]
sanguessuga (f)	igle (f)	['i:lə]
lagarta (f)	sommerfuglelarve (f)	['sʌmʌ‚fu:lə 'lɑ:və]
minhoca (f)	regnorm (f)	['ʁajn‚ɒɡˀm]
larva (f)	larve (f)	['lɑ:və]

FLORA

94. Árvores

árvore (f)	træ (i)	['tʁɛˀ]
decídua	løv-	['løw-]
conífera	nåle-	['nɔlə-]
perene	stedsegrønt, eviggrønt	['stɛðsəˌgʁœnˀt], ['eːviˌgʁœnˀt]
macieira (f)	æbletræ (i)	['ɛˀbləˌtʁɛˀ]
pereira (f)	pæretræ (i)	['pɛʌˌtʁɛˀ]
cerejeira (f)	moreltræ (i)	[mo'ʁalˌtʁɛˀ]
ginjeira (f)	kirsebærtræ (i)	['kiʁsəbæɐ̯ˌtʁɛˀ]
ameixeira (f)	blommetræ (i)	['blʌməˌtʁɛˀ]
bétula (f)	birk (f)	['biɐ̯k]
carvalho (m)	eg (f)	['eˀj]
tília (f)	lind (f)	['lenˀ]
choupo-tremedor (m)	asp (f)	['asp]
bordo (m)	løn (f), ahorn (f)	['lœnˀ], ['aˌhoɐ̯'n]
espruce-europeu (m)	gran (f)	['gʁɑn]
pinheiro (m)	fyr (f)	['fyɐ̯ˀ]
alerce, lariço (m)	lærk (f)	['læɐ̯k]
abeto (m)	ædelgran (f)	['ɛˀðəlˌgʁɑn]
cedro (m)	ceder (f)	['seːðʌ]
choupo, álamo (m)	poppel (f)	['pʌpəl]
tramazeira (f)	røn (f)	['ʁœnˀ]
salgueiro (m)	pil (f)	['piˀl]
amieiro (m)	el (f)	['ɛl]
faia (f)	bøg (f)	['bøˀj]
ulmeiro (m)	elm (f)	['ɛlˀm]
freixo (m)	ask (f)	['ask]
castanheiro (m)	kastanie (i)	[ka'stanjə]
magnólia (f)	magnolie (f)	[maw'noˀljə]
palmeira (f)	palme (f)	['palmə]
cipreste (m)	cypres (f)	[sy'pʁas]
mangue (m)	mangrove (f)	[maŋ'gʁoːvə]
embondeiro, baobá (m)	baobabtræ (i)	[bao'babˌtʁɛˀ]
eucalipto (m)	eukalyptus (f)	[œwka'lyptus]
sequoia (f)	sequoia (f), rødtræ (i)	[sek'wojə], ['ʁœðˌtʁɛˀ]

95. Arbustos

arbusto (m)	busk (f)	['busk]
arbusto (m), moita (f)	buskads (i)	[bu'skæˀs]

| videira (f) | vinranke (f) | ['viːnˌʁɑŋkə] |
| vinhedo (m) | vingård (f) | ['viːnˌgɒˀ] |

framboeseira (f)	hindbærbusk (f)	['henbæɡˌbusk]
groselheira-preta (f)	solbærbusk (f)	['soːlbæɡˌbusk]
groselheira-vermelha (f)	ribsbusk (f)	['ʁɛbsˌbusk]
groselheira (f) espinhosa	stikkelsbær (i)	['stekəlsˌbæɡ]

acácia (f)	akacie (f)	[a'kæˀɕə]
bérberis (f)	berberis (f)	['bæɡˀbʌʁis]
jasmim (m)	jasmin (f)	[ɕas'miˀn]

junípero (m)	ene (f)	['eːnə]
roseira (f)	rosenbusk (f)	['ʁoːsənˌbusk]
roseira (f) brava	Hunde-Rose (f)	['hunə-'ʁoːsə]

96. Frutos. Bagas

fruta (f)	frugt (f)	['fʁɔgt]
frutas (f pl)	frugter (f pl)	['fʁɔgtʌ]
maçã (f)	æble (i)	['ɛˀblə]
pera (f)	pære (f)	['pɛˀʌ]
ameixa (f)	blomme (f)	['blʌmə]

morango (m)	jordbær (i)	['joɡˌbæɡ]
ginja (f)	kirsebær (i)	['kiɡsəˌbæɡ]
cereja (f)	morel (f)	[mo'ʁalˀ]
uva (f)	drue (f)	['dʁuːə]

framboesa (f)	hindbær (i)	['henˌbæɡ]
groselha (f) preta	solbær (i)	['soːlˌbæɡ]
groselha (f) vermelha	ribs (i, f)	['ʁɛbs]
groselha (f) espinhosa	stikkelsbær (i)	['stekəlsˌbæɡ]
oxicoco (m)	tranebær (i)	['tʁɑːnəˌbæɡ]

laranja (f)	appelsin (f)	[ɑpəl'siˀn]
tangerina (f)	mandarin (f)	[mɑndɑ'ʁiˀn]
ananás (m)	ananas (f)	['ananas]

| banana (f) | banan (f) | [ba'næˀn] |
| tâmara (f) | daddel (f) | ['dað'əl] |

limão (m)	citron (f)	[si'tʁoˀn]
damasco (m)	abrikos (f)	[ɑbʁi'koˀs]
pêssego (m)	fersken (f)	['fæɡskən]

| kiwi (m) | kiwi (f) | ['kiːvi] |
| toranja (f) | grapefrugt (f) | ['gʁɛjpˌfʁɔgt] |

baga (f)	bær (i)	['bæɡ]
bagas (f pl)	bær (i pl)	['bæɡ]
arando (m) vermelho	tyttebær (i)	['tytəˌbæɡ]
morango-silvestre (m)	skovjordbær (i)	['skɒw 'joɡˌbæɡ]
mirtilo (m)	blåbær (i)	['blɔˀˌbæɡ]

97. Flores. Plantas

| flor (f) | blomst (f) | ['blʌmˀst] |
| ramo (m) de flores | buket (f) | [bu'kɛt] |

rosa (f)	rose (f)	['ʁo:sə]
tulipa (f)	tulipan (f)	[tuli'pæˀn]
cravo (m)	nellike (f)	['nɛlˀekə]
gladíolo (m)	gladiolus (f)	[gladi'o:lus]

centáurea (f)	kornblomst (f)	['koɐ̯n̩blʌmˀst]
campânula (f)	blåklokke (f)	['blʌ̩klʌkə]
dente-de-leão (m)	mælkebøtte, løvetand (f)	['mɛlkə̩bøtə], ['lø:və̩tanˀ]
camomila (f)	kamille (f)	[ka'milə]

aloé (m)	aloe (f)	['æˀlo̩eˀ]
cato (m)	kaktus (f)	['kɑktus]
fícus (m)	ficus, stuebirk (f)	['fikus], ['stu:ə̩biɐ̯k]

lírio (m)	lilje (f)	['liljə]
gerânio (m)	geranie (f)	[ge'ʁɑˀnjə]
jacinto (m)	hyacint (f)	[hya'senˀt]

mimosa (f)	mimose (f)	[mi'mo:sə]
narciso (m)	narcis (f)	[nɑ'si:s]
capuchinha (f)	blomsterkarse (f)	['blʌmˀstʌ̩kɑ:sə]

orquídea (f)	orkide, orkidé (f)	[ɒki'deˀ]
peónia (f)	pæon (f)	[pɛ'oˀn]
violeta (f)	viol (f)	[vi'oˀl]

amor-perfeito (m)	stedmoderblomst (f)	['stɛmoɐ̯ ̩blʌmˀst]
não-me-esqueças (m)	forglemmigej (f)	[fʌ'glɛmˀmɑ̩ɑjˀ]
margarida (f)	tusindfryd (f)	['tusən̩fʁyðˀ]

papoula (f)	valmue (f)	['val̩mu:ə]
cânhamo (m)	hamp (f)	['hɑmˀp]
hortelã (f)	mynte (f)	['møntə]

| lírio-do-vale (m) | liljekonval (f) | ['liljə kɒn'valˀ] |
| campânula-branca (f) | vintergæk (f) | ['ventʌ̩gɛk] |

urtiga (f)	nælde (f)	['nɛlə]
azeda (f)	syre (f)	['sy:ʌ]
nenúfar (m)	åkande, nøkkerose (f)	['ɔˀkanə], ['nøkə̩ʁo:sə]
feto (m), samambaia (f)	bregne (f)	['bʁɑjnə]
líquen (m)	lav (f)	['law]

estufa (f)	drivhus (i)	['dʁiw̩huˀs]
relvado (m)	græsplæne (f)	['gʁas̩plɛ:nə]
canteiro (m) de flores	blomsterbed (i)	['blʌmˀstʌ̩beð]

planta (f)	plante (f)	['plantə]
erva (f)	græs (i)	['gʁas]
folha (f) de erva	græsstrå (i)	['gʁas̩stʁɔˀ]

folha (f)	blad (i)	['blað]
pétala (f)	kronblad (i)	['krɔnˌblað]
talo (m)	stilk (f)	['stelˀk]
tubérculo (m)	rodknold (f)	['ʁoðˌknʌlˀ]

| broto, rebento (m) | spire (f) | ['spiːʌ] |
| espinho (m) | torn (f) | ['toɐ̯ˀn] |

florescer (vi)	at blomstre	[ʌ 'blʌmstʁʌ]
murchar (vi)	at visne	[ʌ 'vesnə]
cheiro (m)	lugt (f)	['lɔgt]
cortar (flores)	at skære af	[ʌ 'skɛːʌ 'æˀ]
colher (uma flor)	at plukke	[ʌ 'plɔkə]

98. Cereais, grãos

grão (m)	korn (i)	['koɐ̯ˀn]
cereais (plantas)	kornsorter (f pl)	['koɐ̯nˌsɒːtʌ]
espiga (f)	aks (i)	['ɑks]

trigo (m)	hvede (f)	['veːðə]
centeio (m)	rug (f)	['ʁuˀ]
aveia (f)	havre (f)	['hɑwʁʌ]
milho-miúdo (m)	hirse (f)	['hiɐ̯sə]
cevada (f)	byg (f)	['byg]

milho (m)	majs (f)	['mɑjˀs]
arroz (m)	ris (f)	['ʁiˀs]
trigo-sarraceno (m)	boghvede (f)	['bowˌveːðə]

ervilha (f)	ært (f)	['æɐ̯ˀt]
feijão (m)	bønne (f)	['bœnə]
soja (f)	soja (f)	['sʌja]
lentilha (f)	linse (f)	['lensə]
fava (f)	bønner (f pl)	['bœnʌ]

PAÍSES DO MUNDO

99. Países. Parte 1

Afeganistão (m)	Afghanistan	[aw'gæ'ni,stan]
África do Sul (f)	Sydafrika	['syð ,afʁika]
Albânia (f)	Albanien	[al'bæ'njən]
Alemanha (f)	Tyskland	['tysklan']
Arábia (f) Saudita	Saudi-Arabien	['sawdi ɑ'ʁɑːbjən]
Argentina (f)	Argentina	[agɛn'ti'na]
Arménia (f)	Armenien	[a'me'njən]
Austrália (f)	Australien	[aw'stʁɑ'ljən]
Áustria (f)	Østrig	['østʁi]
Azerbaijão (m)	Aserbajdsjan	[asæɐ̯baj'djæ'n]
Bahamas (f pl)	Bahamas	[ba'ha'mas]
Bangladesh (m)	Bangladesh	[bɑngla'dɛɕ]
Bélgica (f)	Belgien	['bɛl'gjən]
Bielorrússia (f)	Hviderusland	['viːðə,ʁuslan']
Bolívia (f)	Bolivia	[bo'livia]
Bósnia e Herzegovina (f)	Bosnien-Herzegovina	['bosniən hæɐ̯səgo'vi:na]
Brasil (m)	Brasilien	[bʁɑ'siljən]
Bulgária (f)	Bulgarien	[bul'gɑ:iən]
Camboja (f)	Cambodja	[kæːm'boða]
Canadá (m)	Canada	['kanæ'da]
Cazaquistão (m)	Kasakhstan	[ka'sak,stan]
Chile (m)	Chile (i)	['tʃiːlə]
China (f)	Kina	['ki:na]
Chipre (m)	Cypern	['kypɒn]
Colômbia (f)	Colombia	[ko'lɔmbja]
Coreia do Norte (f)	Nordkorea	['noɐ̯ ko'ʁɛ:a]
Coreia do Sul (f)	Sydkorea	['syð ko'ʁɛ:a]
Croácia (f)	Kroatien	[kʁo'æ'tiən]
Cuba (f)	Cuba	['ku:ba]
Dinamarca (f)	Danmark	['dænmɑk]
Egito (m)	Egypten	[ɛ'gyptən]
Emirados Árabes Unidos	Forenede Arabiske Emirater	[fʌ'enəðə ɑ'ʁɑ'biskə emi'ʁɑ'tʌ]
Equador (m)	Ecuador	[ekwa'do'ɐ̯]
Escócia (f)	Skotland	['skɒtlan']
Eslováquia (f)	Slovakiet	[slova'ki:əð]
Eslovénia (f)	Slovenien	[slo've:njən]
Espanha (f)	Spanien	['spæ'njən]
Estados Unidos da América	De Forenede Stater	[di fʌ'enəðə 'stæ'tʌ]
Estónia (f)	Estland	['ɛstlan]
Finlândia (f)	Finland	['fenlan]
França (f)	Frankrig	['fʁɑŋkʁi]

100. Países. Parte 2

Gana (f)	Ghana	['ganə]
Geórgia (f)	Georgien	[ge'ɒ'gjən]
Grã-Bretanha (f)	Storbritannien	['stoɐ bʁi,taniən]
Grécia (f)	Grækenland	['gʁɛ:kənlanʔ]
Haiti (m)	Haiti	[haiti:]
Hungria (f)	Ungarn	['ɔŋgɑʔn]
Índia (f)	Indien	['endjən]

Indonésia (f)	Indonesien	[endo'ne:çən]
Inglaterra (f)	England	['ɛŋʔlan]
Irão (m)	Iran	['iʁɑn]
Iraque (m)	Irak	['iʁak]
Irlanda (f)	Irland	['iɐlanʔ]
Islândia (f)	Island	['islanʔ]
Israel (m)	Israel	[isʁɑ:əl]

Itália (f)	Italien	[i'tæljən]
Jamaica (f)	Jamaica	[ça'mɑjka]
Japão (m)	Japan	['ja:pæn]
Jordânia (f)	Jordan	['joɐdan]
Kuwait (m)	Kuwait	[ku'vɑjt]
Laos (m)	Laos	['læ:ɒs]
Letónia (f)	Letland	['lɛtlanʔ]

Líbano (m)	Libanon	['li:banɒn]
Líbia (f)	Libyen	['li:bjən]
Liechtenstein (m)	Liechtenstein	['li:ktənʃtɑjn]
Lituânia (f)	Litauen	['li,tɑwʔən]
Luxemburgo (m)	Luxembourg	['lygsəm,bɒ:]
Macedónia (f)	Makedonien	[makeʹdo:njən]
Madagáscar (m)	Madagaskar	[mada'gæskɑ]

Malásia (f)	Malaysia	[ma'lɑjçiʌ]
Malta (f)	Malta	['malta]
Marrocos	Marokko	[mɑ'roko]
México (m)	Mexiko	['mɛksiko]
Myanmar (m), Birmânia (f)	Myanmar	[mjanmɐ]
Moldávia (f)	Moldova	[mʌl'doʔva]
Mónaco (m)	Monaco	[mo'nako]

Mongólia (f)	Mongoliet	[mʌŋgo'lieð]
Montenegro (m)	Montenegro	['mɒntə,nɛgʁə]
Namíbia (f)	Namibia	[na'mibia]
Nepal (m)	Nepal	['nepalʔ]
Noruega (f)	Norge	['nɒ:w]
Nova Zelândia (f)	New Zealand	[nju:'si:lanʔ]

101. Países. Parte 3

| Países (m pl) Baixos | Nederlandene | ['ne:ðʌ,lɛnnə] |
| Palestina (f) | Palæstina | [palə'stinɛnə] |

Panamá (m)	**Panama**	['panamə]
Paquistão (m)	**Pakistan**	['pɑki‚stan]
Paraguai (m)	**Paraguay**	[pɑːɑg'wʌj]
Peru (m)	**Peru**	[pe'ʁu:]
Polinésia Francesa (f)	**Fransk Polynesien**	['fʁɑnˀsk poly'neˀɕən]
Polónia (f)	**Polen**	['poːlæn]
Portugal (m)	**Portugal**	['pɒːtugəl]
Quénia (f)	**Kenya**	['kɛnja]
Quirguistão (m)	**Kirgisistan**	[kiɡ̊'gisi‚stan]
República (f) Checa	**Tjekkiet**	['tjɛ‚kiəð]
República (f) Dominicana	**Dominikanske Republik**	[domini'kæːnskə ʁɛpu'blik]
Roménia (f)	**Rumænien**	[ʁu'mɛˀnjən]
Rússia (f)	**Rusland**	['ʁuslanˀ]
Senegal (m)	**Senegal**	[se:nəgæːl]
Sérvia (f)	**Serbien**	['sæɡ̊ˀbiən]
Síria (f)	**Syrien**	['syʁiən]
Suécia (f)	**Sverige**	['svɛʁiˀ]
Suíça (f)	**Schweiz**	['svajts]
Suriname (m)	**Surinam**	['suʁi‚nɑm]
Tailândia (f)	**Thailand**	['tajlɛnˀ]
Taiwan (m)	**Taiwan**	['taj‚væˀn]
Tajiquistão (m)	**Tadsjikistan**	[ta'dɕiki‚stan]
Tanzânia (f)	**Tanzania**	['tansa‚niæ]
Tasmânia (f)	**Tasmanien**	[tas'maniːən]
Tunísia (f)	**Tunis**	['tuːnis]
Turquemenistão (m)	**Turkmenistan**	[tuɡ̊k'meˀni‚stan]
Turquia (f)	**Tyrkiet**	[tyɡ̊kiːəð]
Ucrânia (f)	**Ukraine**	[ukʁɑ'iˀnə]
Uruguai (m)	**Uruguay**	[uʁug'waj]
Uzbequistão (f)	**Usbekistan**	[us'beki‚stan]
Vaticano (m)	**Vatikanstaten**	['vate‚kæːn 'stæˀtən]
Venezuela (f)	**Venezuela**	[venəsu'eːla]
Vietname (m)	**Vietnam**	['vjɛtnɑm]
Zanzibar (m)	**Zanzibar**	['saːnsibɑː]